HSK
标准会话教程 4（下）

HSK Standard Conversational Course 4（B）

HSK BIAOZHUN HUIHUA JIAOCHENG 4（B）

中文联盟平台教学中心　语文出版社教材研究中心　编写
Co-edited by Chinese Plus Platform Teaching and Learning Center
and Textbook Research Center of Language & Culture Press

张　会　主编
Lead Author　Zhang Hui

张　会　尹　洁　本册编写
Compiled by Zhang Hui, Yin Jie

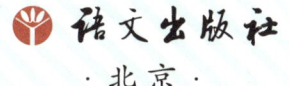

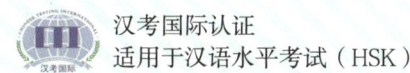
汉考国际认证
适用于汉语水平考试（HSK）

总策划：谷新矿　静　炜
策　划：邵亦鹏　李佩泽　郑　浩　朱春玲

项目负责人：王锦红
项目组成员：许雪松　姜天琦　孙博雅
　　　　　　黄　蕾　王　轩　高　鹤　李艳娇

主　　编：张　会
英文翻译：Raluca Georgescu（张　露）

图书在版编目（CIP）数据

HSK标准会话教程. 4. 下 / 中文联盟平台教学中心，语文出版社教材研究中心编写；张会主编. -- 北京：语文出版社，2021.11
 ISBN 978-7-5187-1355-4

Ⅰ．①H… Ⅱ．①中… ②语… ③张… Ⅲ．①汉语－口语－对外汉语教学－水平考试－教材 Ⅳ．①H195.4

中国版本图书馆CIP数据核字(2021)第144449号

责任编辑	许雪松
装帧设计	徐晓森
出　　版	语文出版社
地　　址	北京市东城区朝阳门内南小街51号　100010
电子信箱	ywcbsywp@163.com
排　　版	北京光大印艺文化发展有限公司
印刷装订	北京市科星印刷有限责任公司
发　　行	语文出版社　新华书店经销
规　　格	890mm×1240mm
开　　本	1/16
印　　张	12.75
字　　数	215千字
版　　次	2021年11月第1版
印　　次	2021年11月第1次印刷
定　　价	76.00元

📞 010-65592964（咨询）　010-65240052（购书）　010-65250075（印装质量）

前言

本系列教材《HSK标准会话教程》共5册，根据汉语水平考试（HSK）大纲一级至四级和汉语水平口语考试（HSKK）大纲初级和中级设计，1—3册分别对应HSK一级、二级、三级大纲，4—5册对应HSK四级大纲。各册教材以《普通话1000句》为蓝本，合理吸收其话题与典型句式，以"考教结合"为目标，"以考促教""以考促学"，学习者学完每一册后可以获得相应的口语交际能力，参加相应级别汉语水平考试。

在编写理念上，本系列教材吸收了国际中文教学研究成果，遵循教学规律，强调典型语境的示范作用，培养学习者对所学词语的多场景重新组合能力。同时，结合时代发展和教学法革新的需求，借鉴移动学习、在线学习的教学理念，研发了配套动漫和微课，使静态的图书与动态的视频有机结合起来，让学习的过程更加有趣，途径更加宽广，手段更加多样，学习的效果更加显著。教师可以拥有丰富的教学内容和灵活的教学手段，学习者可以拥有活泼的学习气氛和多样的学习形式。

本系列教材的特色：

第一，用框架突出句子结构。在"热身"部分采用独特的图形框架展示句子的结构特点及句型的变换关系，让句子结构一目了然，对培养学习者语言输出过程中的组句能力和语言听读过程中的断句能力非常有帮助。

第二，文化理解促进语言学习。每一课的文化点都是与课文内容相关的文化常识或现当代中国国情，有助于学习者了解语言中蕴含的文化因素和中国的现状，加深对中国语言文化的深层次理解，进而促进语言的学习。

第三，对话与陈述并重。每一课在对话体课文外都提供一个第三人称角度的陈述性段落，不同级别对段落的长短、词语的难度要求不同，目的是从入门阶段就开始培养学习者的语段表达能力，即使是在一级阶段词汇数量不多的情况下，也要让所学的每一个词都能得到充分的运用。

第四，侧重听说技能。课文方面，在词汇大纲范围内，尽量通过日常生活常见的情景，展现中文对话中常用的词语和句子。练习题模拟汉语水平考试题型，围绕听说技能的发展进行训练，具有很强的实用性。

第五，配套资源丰富多样。对话、生词及课后听力练习全部配有音频，方便学习者预习、跟读及教师教学，注重培养学习者在不同情景中得体恰当地运用中文进行交际的能力。第一册和第二册配套"动画课文"，将静态、无声的课文变成有声有色的动画故事，增强了教材的趣味性、可读性，帮助学习者理解对话的含义。第三册至第五册配套短视频微课，为教师教授语法和重点词语或进行翻转课堂教学提供条件，也利于学习者课下预习或复习。具体内容可参阅"中文联盟平台"专题网页（http://hskc.chineseplus.net）。

本系列教材在研发过程中得到了语文出版社、五洲网络和汉考国际的大力支持和指导，收到了来自五大洲上百所孔子学院（课堂）中外方院长、教师及中国高校中文教师的意见反馈，集中了众多关心中文教材编纂人士的智慧。我们谨代表编写组对大家表示最衷心的感谢。尽管我们竭尽所能，但仍不免存在这样那样的不足，恳请广大师生和读者朋友在使用过程中随时向我们反馈意见，以便将来进一步完善，使本系列教材能够成为广大中文学习者的好帮手。

编写组
2021 年 7 月

Preface

This ***HSK Standard Conversational Course*** series consists of five volumes, designed in accordance with *HSK Test Syllabus* (HSK Levels I-IV) and *Chinese Proficiency Test Syllabus Speaking* (HSKK Primary and Intermediate Levels). Volumes 1 to 3 correspond to the HSK Levels I to III syllabi, and volumes 4 and 5 correspond to the HSK Level IV syllabus. The content for each level is based on *1000 Mandarin Chinese Sentences*, from which various topics and marker sentences are assimilated in a way that fits the intended purposes, namely to "combine testing with teaching" "promote teaching through testing", and "promote learning through testing". Upon completion of each volume, learners will have the necessary communication skills and will be able to attend the corresponding HSK test.

The writing concepts behind this conversational Chinese textbook series draw on research results in the field of teaching Chinese as a foreign language, adhere to teaching rules, and lay stress on the illustrative role typical contexts play, in order to cultivate learners' ability to make full use of the words and expressions they've learned by adapting them to various new contexts. Moreover, changing trends of the times and the need for innovation in pedagogy are considered carefully, thus the following notions are applied: use teaching and learning concepts of mobile learning and online learning for reference, develop animations and micro-lectures to complement the textbooks, and integrate the static with the dynamic by using both textbooks and videos, all these with the purpose of having a more engaging learning process, more extensive channels, and more varied methods, which will ultimately lead to remarkable learning results. Teachers will benefit from the rich teaching content and the flexible teaching methods, while students will enjoy a lively learning atmosphere and varied forms of learning.

The five features of this series are:

First, use of boxes to emphasize sentence structures. In the "Warm-up" section, each sentence is enclosed in distinctive drawn boxes which indicate the sentence structure characteristics and show how sentences may convert from one individual word to a larger chunk, thus making sentence structures become clear at a glance. This system greatly helps cultivate learners' ability to form sentences during the process of language output as well as their ability to break down sentences during the process of listening and reading.

Second, comprehension of cultural aspects boosts the language learning process. The cultural aspects presented in each lesson are in close connection with the content of the texts, being either pieces of general cultural knowledge about China or knowledge specifically regarding modern and contemporary China. These will greatly help cultivate learners' understanding of the cultural elements hidden beneath the language layer and the present situation in China and give them a deeper insight into Chinese language and culture, thus acting as catalysts for the language learning process.

Third, equal importance is attached to both dialogues and narration. Each lesson contains a narrative paragraph presented in the third person to complement the active dialogues. The length of the paragraphs and the difficulty level of the words used differ depending on different levels. The purpose is to cultivate learners' discourse ability right from the threshold level and allow them to make full use of every word they've learned even when they're at Level I with a limited vocabulary.

Fourth, lay stress on speaking and listening skills. By staying within the limits of the HSK vocabulary, the texts employ numerous common scenarios from everyday life to display words and sentences frequently used in Chinese conversation. The drills simulate actual HSK question types, by focusing on training listening and speaking skills in a very practical way.

Fifth, a wide variety of auxiliary resources is offered all throughout the series. All the dialogues, new words and listening drills come with audio recordings, which are very handy for both students to prepare the lessons before class or read along and for teachers to conduct their lessons. These lay emphasis on cultivating learners' ability to communicate in Chinese appropriately and effectively in various contexts. Volume 1 and 2 come with "anime texts", which transform the static, soundless texts into stories full of sound and color, making the books more engaging and more readable, thus helping learners grasp the meaning of the dialogues. Volume 3 to 5 come with short videos of micro-lectures, which are a good resource for teachers to present grammar and key words and expressions or to adopt a flipped classroom system for teaching, as well as for learners to prepare or review lessons. For more details, see the special page under Chinese Plus Platform: http://hskc.chineseplus.net.

During its research and development, this series has received strong support and guidance from Language & Culture Press, Continental Network and Chinese Testing International (CTI). Moreover, generous feedback was presented by Chinese and local directors and teachers from more than one hundred Confucius Institutes (classes) from all five continents as well as from college and university teachers in China, making this the product of a multitude of people who show true interest in textbook compiling. We therefore want to extend our most sincere gratitude on behalf of the authors team to all those mentioned above. Although we put in all efforts and strived for the best, it is unavoidable that insufficiencies and inadequacies still exist, hence we would like to make a cordial request towards all teachers, students and readers who will use these books to present us their feedback at any time, so that we may continue to perfect them and make these books the best helper for learners of Chinese.

The Authors Team
July, 2021

本册编写说明

本册为《HSK标准会话教程》系列教材的第五本，是中文学习由中级向高级的进阶教程，适合掌握大约1000个词语的中文学习者使用。

本书定位为四级下册，词句难度依据汉语水平考试大纲四级（HSK四级），并略高于四级。在复现第四本教程中部分四级词汇和语法的基础上，覆盖其余的四级词汇和语法规则，还适当引入一些虽超出四级大纲范围但生活中比较常用的词语和口语语法，以便学习者生成尽可能多的交际句子，进一步培养其组句成段、深入交谈和完整叙事的能力，增强交际和表达效果。语言及话题的内容更贴近学习者的生活实际和中文认知水平。

为了更好地体现教材的文化特色，本书出现了成语、谚语、诗句等反映中国人思想观念和文化习俗的表达方式，也出现了一些当今中国社会生活中的常用词语，如"农家乐""绿植"等。

全书共18课，各课以赴华留学生学习和生活的亲身经历为主线串联起来，通过其学习和生活的轨迹不断地引入新的词汇和语法。每一课建议讲授时间为4课时，全书可以在72课时左右讲授完毕。

每一课都包含热身、课文、生词、语法点、练习和文化点六个部分。

热身部分在前四本的基础上，主要采用思维导图，根据语义关系将本课一些主要词语关联起来，为词汇记忆提供联想，为篇章表达提供思路。从中心词开始，每一层级都用不同的颜色表示。

课文部分承袭前四本的体例，包括两篇情景对话和一篇叙述性短文，将语言交际能力和个人陈述能力有机结合。两篇对话围绕HSK四级常见主题，紧密贴近中国当代社会生活实际，训练学习者运用关联词语或依靠句子之间的内在逻辑联系组句成段的表达能力；一篇叙述性短文内容与对话相关，从一个主人公的视角进行叙述，回顾发生的事情。学习者可以模仿这种叙述方式提高个人的转述、复述和连贯表达能力。

生词部分按照惯例编排，列出了本课新出现的词语，提供了汉语拼音、词性和英文释义。其中，带*符号的词不要求掌握。

语法点部分 用双语解释课文中出现的重点语法，并给出典型例句。本册与四级上册配合，覆盖了 HSK 四级大纲语法，并增加了一些口语常用语法。

练习部分 参考 HSK 四级和 HSKK 中级考试题型，对本课重点内容进行听说操练。这种练习有利于学习者熟悉考试题型，从而为顺利通过相应级别考试奠定基础。

文化点部分 用中英双语介绍一项与本课内容相关的中国语言文化常识或当代中国国情，激发学习者兴趣，扩展其知识面，帮助其积累文化知识、理解中国语言文化。为减轻教材体量，这部分内容将作为网络资源提供给学习者。

本书语句紧扣 HSK 和 HSKK 大纲，内容清新，与时俱进，特色鲜明。学习者可以通过学习此书使中文水平更上一层楼，体会中文交际的乐趣。千里之行，始于足下，让我们一起畅游中文学习乐园吧！

编者
2021 年 8 月

A Guide to the Use of This Book

This volume is the fifth one in the *HSK Standard Conversational Course* series. It is an intermediate-to-advanced course for learning Chinese, suitable for students who have already grasped around 1000 words in Chinese.

This book is the second book of Volume 4, therefore the difficulty level of the words and sentences is based on the *HSK Test Syllabus* (HSK Level IV), but is slightly higher than Level IV. Part of the Level IV vocabulary appearing in the previous book of Volume 4 reemerges and the remaining words or grammar rules of this level appear in this book. Moreover, this book introduces an appropriate number of words and expressions and some oral grammar, which although exceed the limits of the syllabus, are quite commonly used in daily life. These will help learners generate a maximum amount of sentences and continue to train their abilities to create paragraphs, enter conversations in depth and narrate events in their entirety, while strengthening the expressive effect in their interactions. The language and the topics are true to life and tally with learners' cognitive level.

Furthermore, in order to give a better view of the cultural characteristics of a language textbook, this book also introduces some idioms, proverbs and lines of poetry which reflect Chinese people's ways of expressing ideas and cultural customs. Words present in contemporary Chinese social life such as "agritainment" and "green plants" also appear.

This book contains 18 lessons in total. We suggest each lesson be taught for 4 hours, thus the whole book can be completed in approximately 72 hours of study. The lessons are interconnected by a main storyline revolving around the personal experiences of international students living and studying in China, with new words and grammar points being constantly introduced by following their path of living and studying in China.

Each lesson comprises six sections, namely Warm-up, Texts, New Words, Language Points, Drills, and Cultural Aspects.

The Warm-up section stems from the first four books and mainly utilizes mind maps to connect some of the main words and expressions in each lesson according to their semantic relationship. Mind maps provide mental association for vocabulary retention and a line of thought for discourse. Starting from the head word, each level is indicated in a different color.

The Texts section follows the style of the first four books and consists of two situational dialogues and one narrative paragraph, which integrate discourse ability with individual narration ability. The two dialogues revolve around common HSK Level IV topics tightly related to contemporary Chinese social life aspects. These are intended to train learners to apply the use of related words or the internal logic connections between sentences in order to build paragraphs; the narrative paragraph is closely connected to the dialogues. It relates the events that have taken place from one protagonist's point of view. Learners can emulate this manner of narration to improve their own ability of reporting and retelling events coherently.

The New Words section employs a conventional layout, by listing the new words of each lesson along with the Pinyin, their part of speech and an English explanation. It is not required to memorize the words marked with *.

The Language Points section uses both Chinese and English to explain the key grammar points from the lessons, which are complemented by typical illustrative sentences. This book introduces the HSK Level IV grammar that was not covered in the first book of Volume 4 as well as some commonly-used oral grammar aspects.

The Drills section is based on HSK Level IV and HSKK Intermediate Level question types. The purpose is to practice listening and speaking based on the main content of the lesson as well as to familiarize learners with actual HSK question types, so that they may have a basis for smoothly going through the test corresponding to their level.

The Cultural Aspects section introduces bilingually pieces of general knowledge regarding Chinese language and culture or the present situation in China, all in close connection with the content of the texts. This integration of language with culture captures learners' interests by expanding their scope of knowledge and helps them understand Chinese language and culture by accumulating cultural knowledge. This section will be put online in order to reduce the size of the printed textbook.

The words and sentences in this book are directly connected with the HSK and HSKK syllabi and are presented in a clear and distinctive content with up-to-date information. These features make this book a very good option for learners to continue to advance their level of Chinese and to experience the joy that comes with communicating in Chinese. A journey of a thousand miles begins with a single step, let us fully enjoy the pleasure of learning Chinese together!

The Author

August, 2021

目录 Contents

课文 Lesson	页码 Page	词语 Words / Phrases
1 元宵节快乐 Happy Lantern Festival	1	*圆、之、幸福、*花灯、有趣、*该、加、打（谜语）、数字、挂、*灯笼、*谜语、表扬、*更加、*元宵节、*中秋节
2 学校的新图书馆 The school's new library	10	管理、重新、复印、科学、发展、超过、*讲座、*图书、*外文、打扰、*服务、*系统
3 请注意文明旅游 Please travel in a civilized manner	19	约会、暖和、*万里无云、*植物园、*人面桃花相映红、*诗、*爱护、*拍照、戴、眼镜、*地点、底、凉快、海洋馆、举行、教授、活泼、*海豚、干、抱歉、粗心、建议、随便、*文明
4 北京欢迎你 Beijing welcomes you	28	饺子、*要不、开玩笑、至少、*大餐、麻烦、烤鸭、*胡同、连座、*四合院、稍微、可惜、*折、*现代、性、首都、*名城、长城、*故宫
5 美丽新农村 Beautiful new countryside	37	趟、到底、倒（是）、巧克力、饼干、葡萄、西红柿、果汁、小吃、包子、*农村、出现、得意、*农民、倍、发生、响、*撞、*差点儿、方向、警察、赶、可怜、同情、兴奋、放松、成为、*方式、富

语法点
Language Points

1. 你看你
2. 下面

1. 咱们
2. 可₁
3. 方面

1. 可₂
2. 可₃
3. 到处
4. 跟……相比

1. 要不
2. 一方面……，另一方面……
3. 至少

1. 趟
2. 到底₁
3. 倒（是）
4. 以……为……

HSK 标准会话教程4（下）
Standard Conversational Course 4 (B)

课文 Lesson	页码 Page	词语 Words / Phrases
6 他可是中国的著名作家 He's a famous Chinese writer	47	小说、作者、*文学、作家、勇敢、*版、许多、其中、白、感动、*戏曲、邮局、*邮票 *莫言、*诺贝尔文学奖、亚洲、*霸王别姬、*川剧、*英国
7 我是个体育爱好者 I am a sports enthusiast	57	*夏季、*冬季、*滑雪、*中学、*决赛、赢、秒、*乐趣、*分数、回忆、父亲、也许 *奥运会、长江
8 互联网使我们的生活更方便 The Internet has made our lives easier	66	*网购、力气、*快递、对于、世纪、信息、交（作业）、预习、真正、*宅、并且、无、赚
9 同一个世界 同一片蓝天 One world, one sky	76	*分类、剩、*回收、厕所、*卫生纸、降低、适应、*行动、*缓解、共同
10 我爱生活 生活爱我 I love life and life loves me	85	*退休、*培养、*开办、*大学、火、友谊、国际、社会、奖
11 健康最重要 Health is the most important thing	94	刀、转、胳膊、伤、皮肤、破、轻、抬、护士、擦、严格、小伙子、功夫、*欲速则不达、动作、*热身、*受伤、脾气、*中医、*中药、作用、养成、后悔、*良药苦口利于病
12 毕业后你有什么打算 What are your plans after graduation	104	*未雨绸缪、暂时、应聘、*实习生、谈、互相、语言、*硕士、将来、*实现

语法点
Language Points

1. 为止
2. 之一
3. 对了
4. 其中

1. 当中
2. 从……起
3. 正

1. 看样子
2. 并且
3. 连……也/都……
4. 别说
5. 也许

1. 多
2. adj. / verb+肯定（是）+adj. / verb，但是……

1. 或者……或者……
2. 不光……而且/还……
3. 别看
4. 不是……就是……

1. 不是……，而是……
2. 等到……的时候
3. 再……也……
4. 否则

1. 这样一来
2. 当然
3. 在……上

HSK 标准会话教程 4（下）
Standard Conversational Course 4 (B)

课文 Lesson	页码 Page	词语 Words / Phrases
13 现代人的工作与生活 Modern people's work and life	**113**	*享福、顾、调查、*代表、*追求、*宁可、*电视剧、页、*精神、*收获、*开卷有益、*资源
14 对成功的理解 Understanding of success	**123**	看法、反对、*万万、穷、得到、*算、准确、失败、*难看、*书法、遍、以为、笨、过程、*功到自然成、正确、判断、*道理
15 马上到端午节了 The Dragon Boat Festival is almost here	**133**	*歌曲、改、由、负责、*粽子、*赛、*龙舟、*插、*艾草、包（粽子） *法国、*日本、*端午节
16 我租房了 I'm renting a place	**142**	*中介、*收费、国籍、法律、证明、*派出所、*外卖、速度、*包装、*漏、汤、道歉、故意、原谅、*好评、*记录、*双方
17 让我的房间变个样 Giving my room a new look	**152**	养、气候、*干燥、*湿度、*美化、温度、低、例如、*实用、*祝福、*不可居无竹、*竹子、高雅、满、叶、*有益
18 我们的中华文化课 Our Chinese culture class	**161**	*美食、*麻、抱、*期末、占、整理、重点、*题型、表格、填空、排列、*考场、禁止、*试卷、答案、马虎、橡皮、放暑假
词汇总表　Vocabulary	**171**	

语法点
Language Points

1. 宁可……，也不……
2. 话是这么说，可是……
3. 连……，更不用说……
4. 是……，但是……

1. 光……就……
2. 比如
3. 到底₂

1. 由
2. 大约

1. 通过
2. 不仅……，还……
3. 对于
4. 再说

1. 一下子
2. 再……不过
3. 同时
4. 既然

1. 一是……，二是……
2. 一连
3. 先……然后/接着……最后……
4. 按

书中主人公是两名在中国学习中文的留学生。书中内容以其在中国生活与学习的亲身经历为主线。

The main characters in the book are two international students studying Chinese in China. The stories in the book revolve around their personal experiences living and studying in China.

大卫，男，英国人，预科生，准备在中国一所大学读中国历史。
David, male, British, preparatory course student, preparing to study a major in Chinese History at a university in China.

莎莉，女，来自墨西哥，大卫的同学。
Sally, female, from Mexico, David's classmate.

另外，本书还有两个人经常出现在主人公的生活中。他们是：
In addition, there are two more people who often appear in the main characters' lives. They are:

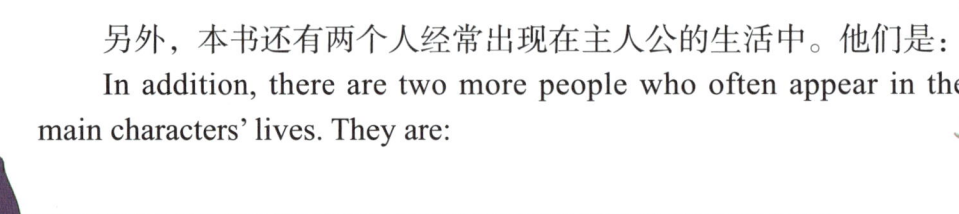

尼克，男，美国人，在中国工作五年了，大卫的朋友。
Nick, male, American, working for five years in China, David's friend.

王华，女，大卫的中文老师。
Wang Hua, female, David's Chinese language teacher.

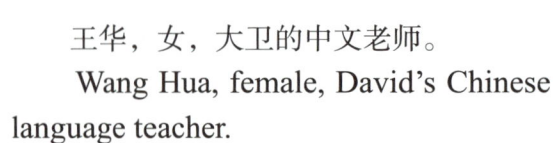

Lesson One

Yuánxiāo Jié kuàilè
元宵节快乐
Happy Lantern Festival

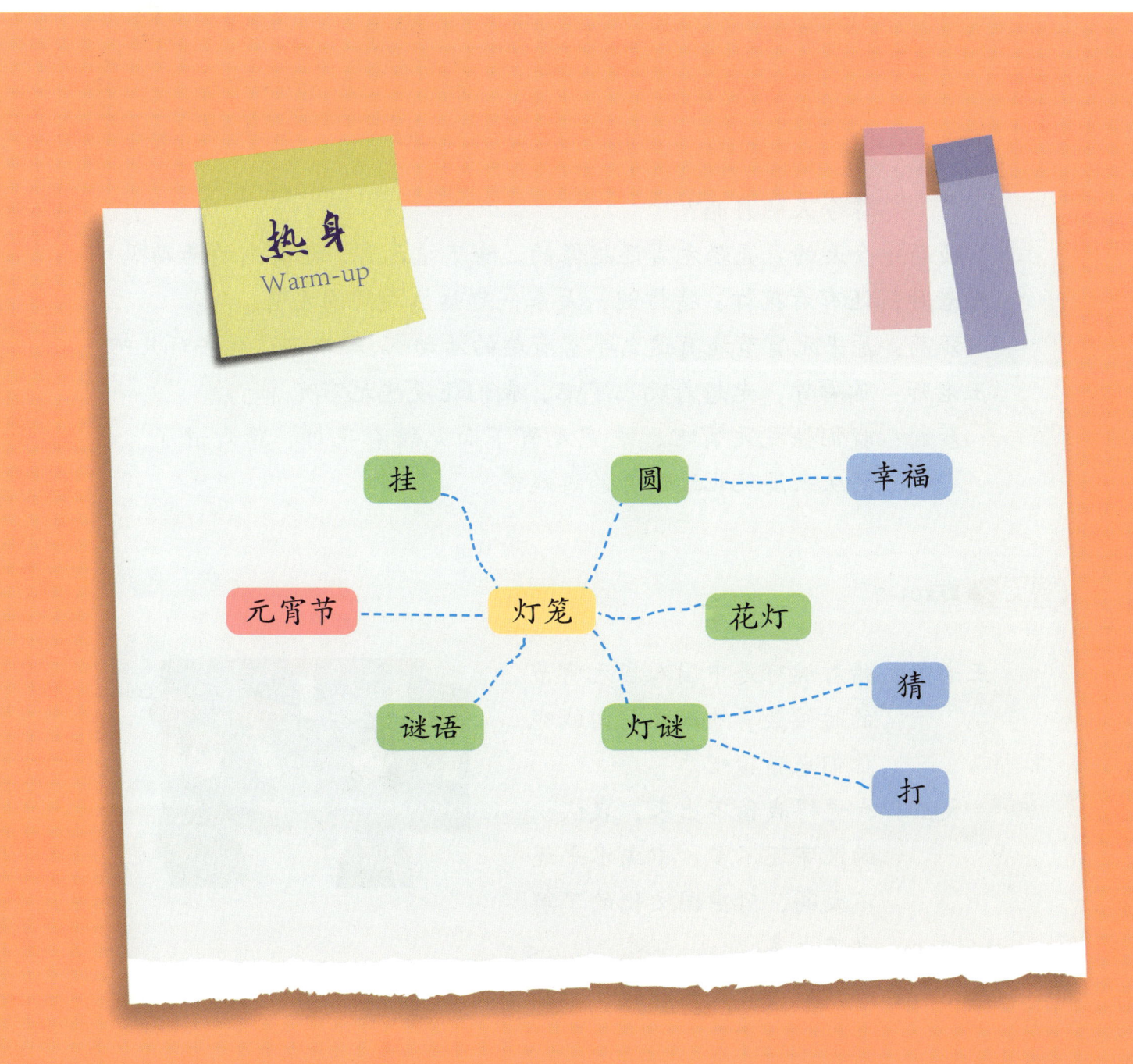

课文 Text

课文 1 01-1

莎莉：王老师，刚过完春节，怎么又要过节了呢？

王老师：这个可是元宵节，它是一年里第一个月圆之日。这一天家人聚在一起，希望生活幸福。你看元宵圆圆的，像不像今天的月亮？

莎莉：今天的月亮跟元宵还挺像的。除了吃元宵，还有别的活动吗？

王老师：还有看花灯、猜灯谜，大家一起热热闹闹闹元宵。

莎莉：原来元宵节还有这么丰富有趣的活动啊，那我们这就去玩儿吧。

王老师：你看你，光想着玩儿了吧，我们还没吃元宵呢。

莎莉：我们快吃元宵吧，吃完元宵下面就该看花灯、猜灯谜了。我还从来没玩儿过这样的游戏呢。

课文 2 01-2

王老师：猜灯谜可是中国人在元宵节的时候最喜欢玩儿的游戏呢。你们来猜猜吧。

大卫：我觉得我猜不出来，我认识的汉字还不多，中文水平还不太高，对中国文化的了解也不太多。

王老师：不试试怎么知道猜得出来猜不出来呢？你先看这个，"一加一，打一个汉字"。

元宵节快乐 Happy Lantern Festival 1

大卫：让我想想。"一加一"，是二吗？

王老师：猜灯谜不是做数学题，不能把"一"和"二"当作数字。你再想想。

大卫：啊，我想到了，这个字就是您的姓吧，"王"，对吗？

王老师：对呀对呀。你看你，还说自己猜不出来，这不猜得很好吗？

大卫：太好玩儿了。下面我来猜个复杂点儿的吧。

课文 3 01-3

今天，王老师邀请我们去她家过元宵节，她准备了很多好吃的，还有香香甜甜的元宵。中国人喜欢过与月亮有关的节日，元宵节、中秋节都是。元宵节是中国新年的第一个月圆之日，一家人聚在一起，希望生活越来越幸福。

元宵节不仅要吃元宵，还要看花灯、猜灯谜。王老师在家里挂上了很多红灯笼，每个灯笼上面都写着一条谜语。让人开心的是，第一条灯谜我就猜对了。王老师表扬了我。

我以后得更加努力地学习中文，好好学习中国文化，也让更多的朋友认识和了解中国。

课文拼音 Texts in Pinyin

课文 1

Shālì: Wáng lǎoshī, gāng guòwán Chūnjié, zěnme yòu yào guòjiéle ne?

Wáng lǎoshī: Zhège kěshì Yuánxiāo Jié, tā shì yì nián li dì-yī gè yuè yuán zhī rì. Zhè yì tiān jiārén jù zài yìqǐ, xīwàng shēnghuó xìngfú. Nǐ kàn yuánxiāo yuányuán de, xiàng bú xiàng jīntiān de yuèliang?

Shālì: Jīntiān de yuèliang gēn yuánxiāo hái tǐng xiàng de. Chúle chī yuánxiāo, hái yǒu biéde huódòng ma?

Wáng lǎoshī: Hái yǒu kàn huādēng, cāi dēngmí, dàjiā yìqǐ rèrènàonào yuánxiāo.

Shālì: Yuánlái Yuánxiāo Jié hái yǒu zhème fēngfù yǒuqù de huódòng a, nà wǒmen zhè jiù qù wánr ba.

Wáng lǎoshī: Nǐ kàn nǐ, guāng xiǎngzhe wánr le ba, wǒmen hái méi chī yuánxiāo ne.

Shālì: Wǒmen kuài chī yuánxiāo ba, chīwán yuánxiāo xiàmiàn jiù gāi kàn huādēng, cāi dēngmí le. Wǒ hái cónglái méi wánrguo zhèyàng de yóuxì ne.

课文 2

Wáng lǎoshī: Cāi dēngmí kěshì Zhōngguórén zài Yuánxiāo Jié de shíhou zuì xǐhuan wánr de yóuxì ne. Nǐmen lái cāicai ba.

Dàwèi: Wǒ juéde wǒ cāi bù chūlái, wǒ rènshi de Hànzì hái bù duō, Zhōngwén shuǐpíng hái bú tài gāo, duì Zhōngguó wénhuà de liǎojiě yě bú tài duō.

Wáng lǎoshī: Bú shìshi zěnme zhīdào cāi de chūlái cāi bù chūlái ne? Nǐ xiān kàn zhège, "yī jiā yī, dǎ yí gè Hànzì".

Dàwèi: Ràng wǒ xiǎngxiang. "Yī jiā yī", shì èr ma?

Wáng lǎoshī: Cāi dēngmí bú shì zuò shùxué tí, bù néng bǎ "yī" hé "èr" dāngzuò shùzì. Nǐ zài xiǎngxiang.

Dàwèi: À, wǒ xiǎngdào le, zhège zì jiùshì nín de xìng ba, "Wáng", duì ma?

Wáng lǎoshī: Duì ya duì ya. Nǐ kàn nǐ, hái shuō zìjǐ cāi bù chūlái, zhè bù cāi de hěn hǎo ma?

Dàwèi: Tài hǎo wánr le. Xiàmiàn wǒ lái cāi gè fùzá diǎnr de ba.

课文 3

Jīntiān, Wáng lǎoshī yāoqǐng wǒmen qù tā jiā guò Yuánxiāo Jié, tā zhǔnbèile hěn duō hǎochī de, hái yǒu xiāngxiāngtiántián de yuánxiāo. Zhōngguórén xǐhuan guò yǔ yuèliang yǒuguān de jiérì, Yuánxiāo Jié, Zhōngqiū Jié dōu shì. Yuánxiāo Jié shì Zhōngguó xīnnián de dì-yī gè yuè yuán zhī rì, yìjiārén jù zài yìqǐ, xīwàng shēnghuó yuè lái yuè xìngfú.

Yuánxiāo Jié bùjǐn yào chī yuánxiāo, hái yào kàn huādēng, cāi dēngmí. Wáng lǎoshī zài jiā li guàshàngle hěn duō hóng dēnglong, měi gè dēnglong shàngmiàn dōu xiězhe yì tiáo míyǔ. Ràng rén kāixīn de shì, dì-yī tiáo dēngmí wǒ jiù cāi duì le. Wáng lǎoshī biǎoyángle wǒ.

Wǒ yǐhòu děi gèngjiā nǔlì de xuéxí Zhōngwén, hǎohǎo xuéxí Zhōngguó wénhuà, yě ràng gèng duō de péngyou rènshi hé liǎojiě Zhōngguó.

生词 New Words

*圆	yuán	adj.	*(of the moon)* full
之	zhī	aux.	*used between an attribute and the word it modifies*

续表

幸福	xìngfú	adj.	happy
*花灯	huādēng	n.	festive lantern
有趣	yǒuqù	adj.	interesting, fun
*该	gāi	mod.	should, ought to
加	jiā	v.	to add
打（谜语）	dǎ (míyǔ)	v.	to guess (a riddle)
数字	shùzì	n.	number
挂	guà	v.	to hang
*灯笼	dēnglong	n.	lantern
*谜语	míyǔ	n.	riddle
表扬	biǎoyáng	v.	to praise, to commend
*更加	gèngjiā	adv.	more, further

专有名词 Proper Nouns

*元宵节	Yuánxiāo Jié	Lantern Festival
*中秋节	Zhōngqiū Jié	Mid-Autumn Festival

语法点 Language Points

1. "你看你"：注意提示语，用在对话中，提示听话者。较多出现在负面评价语境中，提示听话者注意自己行为或言语上的不当之处，表达说话者埋怨或嗔怪等情绪。可以有语音停顿，后接其他句子，也可以与后续成分之间没有语音停顿。例如：

"你看你" is a phrase used in dialogues as a way to remind the listener to pay attention. It is mostly used in contexts of negative criticism, in order to remind the listener to pay attention to improprieties in their behavior or language and to express the speaker's tone of complaining or blaming. It can be followed by other sentences with a pause in speech in between, or it can be directly connected to other elements with no pause in speech. For example:

你看你，告诉你真话，你反而生气了。

HSK 标准会话教程 4（下）
Standard Conversational Course 4 (B)

A: 妈妈，我把杯子打破了。
B: 你看你，又做坏事了吧?

你看你这个人，光干活儿也不知道休息。

2 "下面"：方位词，指文章或讲话中后于现在所叙述的部分。例如：
"下面" is a locative noun. It indicates a part in the text or speech that comes after what is currently being related. For example:

下面我们要说的是期末考试的问题。
下面就请王校长来为大家讲几句话。
下面请运动员上场！

练习 Drills

听力练习 Listening Drills

1 听课文，回答问题。 🎧 01-4
Listen to the texts and answer the questions.

　　　Yuánxiāo Jié shì nǎ yì tiān?
(1) 元宵节是哪一天？

　　　Zhōngguórén zěnme guò Yuánxiāo Jié?
(2) 中国人怎么过元宵节？

　　　Wèi shénme yào hé jiārén yīqǐ guò Yuánxiāo Jié?
(3) 为什么要和家人一起过元宵节？

　　　Guò Yuánxiāo Jié shí Zhōngguórén zuì xǐhuan wánr de yóuxì shì shénme?
(4) 过元宵节时中国人最喜欢玩儿的游戏是什么？

　　　Wáng lǎoshī ràng Dàwèi cāi míyǔ, Dàwèi wèi shénme juéde zìjǐ cāi bù chūlái?
(5) 王老师让大卫猜谜语，大卫为什么觉得自己猜不出来？

　　　Zhōngguó yǔ yuèliang yǒuguān de jiérì hái yǒu nǎxiē?
(6) 中国与月亮有关的节日还有哪些？

2 听句子，判断对错。 🎧 01-5
Listen to the following sentences and tell whether they are true or false.

(1) 一家人在一起过节是最幸福的。　　　　　　　　　　　　（　　）
(2) 花灯上画了很多漂亮的画儿。　　　　　　　　　　　　　（　　）

（3）我想让更多的朋友了解中国。　　　　　　　　　　　（　　）

（4）汉字中的"十"字跟数学中的加号读音一样。　　　　（　　）

（5）元宵节必须全家人一起玩儿游戏。　　　　　　　　　（　　）

（6）他们打算吃完元宵再看花灯。　　　　　　　　　　　（　　）

3 听录音，选择正确答案。　🎧 01-6

Listen to the recordings and choose the correct answers.

（1）A. 今天的月亮很圆　　　　　B. 她想买一个花灯
　　　C. 花灯上应该画画儿　　　　D. 更喜欢长的花灯

（2）A. 吃元宵　　　　　　　　　B. 看花灯
　　　C. 赛龙舟　　　　　　　　　D. 猜灯谜

（3）A. 元宵味道不错　　　　　　B. 元宵可以多吃
　　　C. 她的肚子不舒服　　　　　D. 男的应该听她的话

（4）A. 猜出了灯谜　　　　　　　B. 考试考得好
　　　C. 学到了新知识　　　　　　D. 被女的表扬了

（5）A. 做元宵　　　　　　　　　B. 写谜语
　　　C. 挂灯笼　　　　　　　　　D. 猜灯谜

（6）A. 她喜欢唱歌　　　　　　　B. 她猜不出来
　　　C. 先从莎莉开始猜　　　　　D. 她不喜欢猜谜语

口语练习 Speaking Drills

4 听后复述，并模仿造句。　🎧 01-7

Listen and retell. Imitate the structures to build new sentences.

（1）_____

（2）_____

（3）_____

（4）_____

（5）_____

（6）_____

5 看图说话。

Look and say.

（1）
中秋节

（2）
元宵节

（3）
有趣

（4）
猜

（5）
挂

（6）
表扬

6 回答问题。

Answer the questions.

　　　　　Nǐ zhīdào nǎxiē Zhōngguó jiérì?　Qǐng xuǎnzé yí gè jièshào yíxià.
（1）你知道哪些中国节日？请选择一个介绍一下。

　　　　　Wèile qìngzhù jiérì,　nǐ dōu huì zuò xiē shénme ne?
（2）为了庆祝节日，你都会做些什么呢？

元宵节快乐 **1**
Happy Lantern Festival

（3）请你介绍一个有趣的节日活动。

（4）请你介绍一次过中国节日的经历。

（5）你的国家有和月亮有关的节日吗？

（6）如果你邀请别人来你家过节，你会准备什么？

Lesson Two

学校的新图书馆
The school's new library

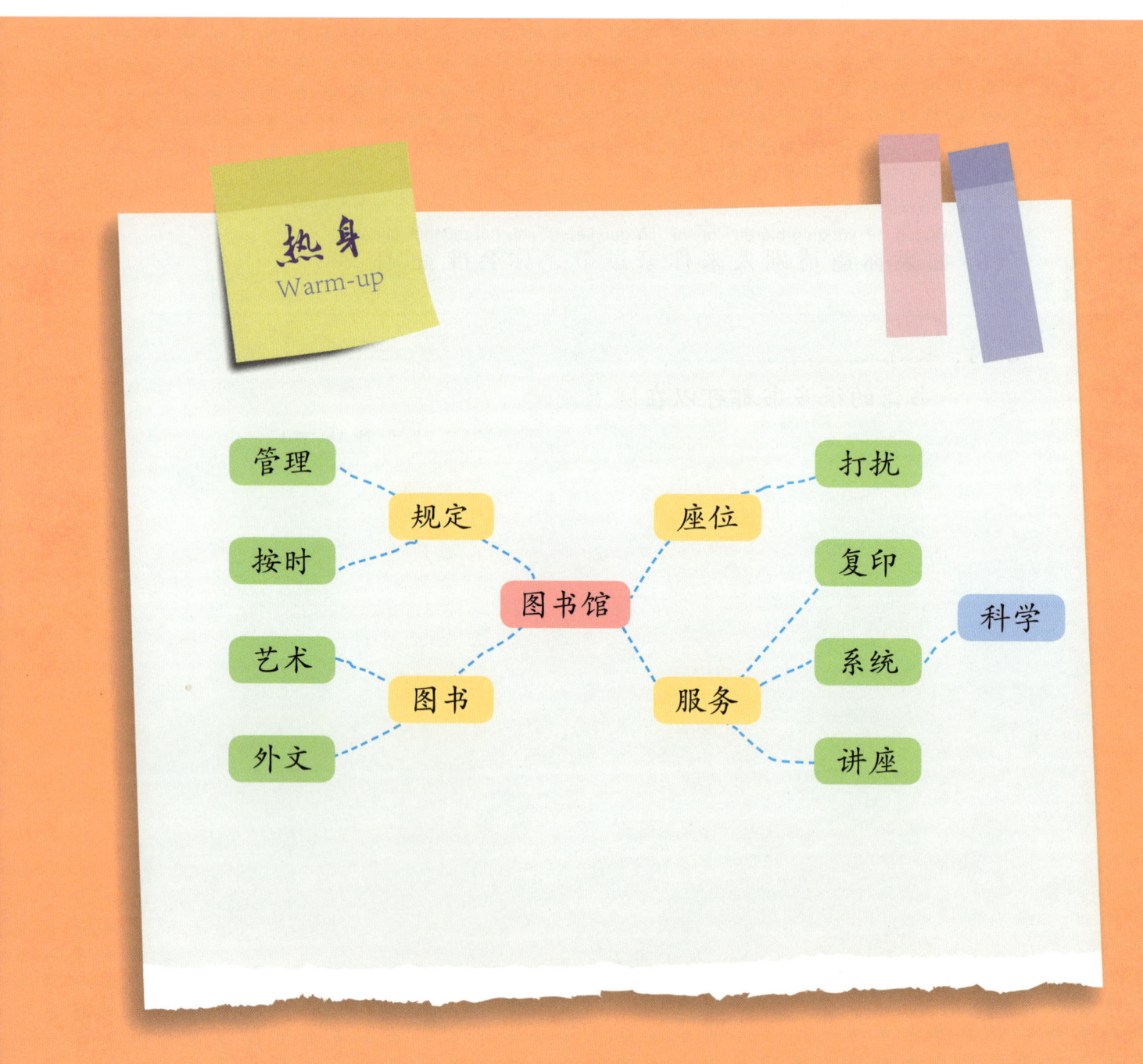

学校的新图书馆
The school's new library 2

课文 Text

课文 1 02-1

大卫：我听说咱们学校的新图书馆可以使用了，你去过了吗？

莎莉：我只去过一次。图书馆不但有丰富的图书、杂志，还增加了很多新电脑，而且座位也比以前多了。你可一定要早点儿去看看。

大卫：关于借书方面的管理规定，有什么变化吗？

莎莉：图书馆重新规定了最新图书的借书时间，只能借两个星期。

大卫：才两个星期啊。要是所有的书都是想借就能借到，就更好了。

莎莉：如果确实有需要，你可以在图书馆复印一部分。另外，现在图书馆的很多书都可以在网上阅读。

大卫：那太方便了！现在科学技术发展得真是越来越快了！

课文 2 02-2

大卫：莎莉，这是你刚从图书馆借的书吗？

莎莉：是的，我刚借了两本艺术方面的书，一本是英文的，一本是中文翻译的。

大卫：你可真厉害，都可以阅读艺术专业的中文书了。最近我对地球历史很感兴趣，不知道有没有这方面的书。

莎莉：有很多呀，不但有中文的，还有不少外文的呢，你都可以借。不过，你可得按时还书，别超过规定的时间。

大卫：我听说图书馆还会经常举办知识讲座，是吗？
莎莉：对呀，这周三晚上就有一场关于中国文化的讲座，你去不去？
大卫：当然要去！咱们一起去吧。

课文 3 02-3

今天，莎莉告诉我学校的新图书馆开始使用了。图书馆里有几百万本书，有中文图书，也有外文图书。最新的书只能借两个星期，这样可以让别的同学及时看到。图书馆里有很多座位，同学们可以在那里安静地阅读自己感兴趣的图书、报纸、杂志，而不被打扰。今年学校使用了新的服务系统，可以在电脑上阅读，真的很方便。另外，图书馆还经常举办知识讲座，大大丰富了同学们的学习生活，十分受欢迎。

课文拼音 Texts in Pinyin

课文 1　Dàwèi: Wǒ tīngshuō zánmen xuéxiào de xīn túshūguǎn kěyǐ shǐyòng le, nǐ qùguole ma?

　　　　Shālì: Wǒ zhǐ qùguo yí cì. Túshūguǎn búdàn yǒu fēngfù de túshū, zázhì, hái zēngjiāle hěn duō xīn diànnǎo, érqiě zuòwèi yě bǐ yǐqián duō le. Nǐ kě yídìng yào zǎo diǎnr qù kànkan.

　　　　Dàwèi: Guānyú jiè shū fāngmiàn de guǎnlǐ guīdìng, yǒu shénme biànhuà ma?

　　　　Shālì: Túshūguǎn chóngxīn guīdìngle zuìxīn túshū de jiè shū shíjiān, zhǐ néng jiè liǎng gè xīngqī.

　　　　Dàwèi: Cái liǎng gè xīngqī a. Yàoshi suǒyǒu de shū dōu shì xiǎng jiè jiù néng jièdào, jiù gèng hǎo le.

　　　　Shālì: Rúguǒ quèshí yǒu xūyào, nǐ kěyǐ zài túshūguǎn fùyìn yí bùfen. Lìngwài, xiànzài túshūguǎn de hěn duō shū dōu kěyǐ zài wǎng shang yuèdú.

　　　　Dàwèi: Nà tài fāngbiàn le. Xiànzài kēxué jìshù fāzhǎn de zhēn shì yuè lái yuè kuài le!

课文 2　Dàwèi: Shālì, zhè shì nǐ gāng cóng túshūguǎn jiè de shū ma?
　　　　Shālì: Shì de, wǒ gāng jièle liǎng běn yìshù fāngmiàn de shū, yì běn shì Yīngwén de, yì běn shì Zhōngwén fānyì de.
　　　　Dàwèi: Nǐ kě zhēn lìhai, dōu kěyǐ yuèdú yìshù zhuānyè de Zhōngwén shū le. Zuìjìn wǒ duì dìqiú lìshǐ hěn gǎn xìngqù, bù zhīdào yǒu méi yǒu zhè fāngmiàn de shū.
　　　　Shālì: Yǒu hěn duō ya, búdàn yǒu Zhōngwén de, háiyǒu bù shǎo wàiwén de ne, nǐ dōu kěyǐ jiè. Búguò, nǐ kě děi ànshí huán shū, bié chāoguò guīdìng de shíjiān.
　　　　Dàwèi: Wǒ tīngshuō túshūguǎn hái huì jīngcháng jǔbàn zhīshi jiǎngzuò, shì ma?
　　　　Shālì: Duì ya, zhè zhōu sān wǎnshang jiù yǒu yì chǎng guānyú Zhōngguó wénhuà de jiǎngzuò, nǐ qù bú qù?
　　　　Dàwèi: Dāngrán yào qù! Zánmen yìqǐ qù ba.

课文 3　　Jīntiān, Shālì gàosu wǒ xuéxiào de xīn túshūguǎn kāishǐ shǐyòng le. Túshūguǎn li yǒu jǐbǎi wàn běn shū, yǒu Zhōngwén túshū, yě yǒu wàiwén túshū. Zuì xīn de shū zhǐ néng jiè liǎng gè xīngqī, zhèyàng kěyǐ ràng bié de tóngxué jíshí kàndào. Túshūguǎn li yǒu hěn duō zuòwèi, tóngxuémen kěyǐ zài nàli ānjìng de yuèdú zìjǐ gǎn xìngqù de túshū, bàozhǐ, zázhì, ér bú bèi dǎrǎo. Jīnnián xuéxiào shǐyòngle xīn de fúwù xìtǒng, kěyǐ zài diànnǎo shang yuèdú, zhēn de hěn fāngbiàn. Lìngwài, túshūguǎn hái jīngcháng jǔbàn zhīshi jiǎngzuò, dàdà fēngfùle tóngxuémen de xuéxí shēnghuó, shífēn shòu huānyíng.

生词 New Words

管理	guǎnlǐ	v.	to manage, to administer
重新	chóngxīn	adv.	again, once more, anew
复印	fùyìn	v.	to photocopy, to xerox
科学	kēxué	n.	science
发展	fāzhǎn	v.	to develop, to expand
超过	chāoguò	v.	to exceed, to surpass
*讲座	jiǎngzuò	n.	lecture
*图书	túshū	n.	book
*外文	wàiwén	n.	foreign language
打扰	dǎrǎo	v.	to disturb, to bother

续表

| * 服务 | fúwù | v. | to provide service |
| * 系统 | xìtǒng | n. | system |

语法点 Language Points

1 "咱们"：人称代词，总称己方（我或我们）和对方（你或你们）。注意：包括谈话的对方时用"咱们"，不包括谈话的对方时用"我们"。例如：

"咱们" is a personal pronoun used as a general term for one's own side (I or we) and the other side (singular you or plural you). Pay attention to its usage: "咱们" is used when the other side of the conversation is included, whereas when it's not included, "我们" should be used instead. For example:

走快点，咱们快迟到了。
快上课了，咱们把教室收拾收拾吧。
我们明天要去爬山，你要是没事，咱们一块儿去吧。

2 "可₁"：副词，用于祈使句中，强调必须如此，有时有恳切劝导的意思。后面一般有"要""得""应该"，句末有时有语气助词。例如：

"可₁" is an adverb used in imperative sentences to emphasize that something must be in a particular way as well as to sometimes indicate the speaker's sincere advice. It is usually followed by "要""得""应该", and sometimes modal particles are used at the end of the sentence. For example:

过马路时，你可要小心啊！
你可别忘了交作业呀！
你可不能不帮忙啊！

3 "方面"：名词，指相对的或并列的人或事物中的一方或一部分。例如：

"方面" is a noun which indicates one side or one part of opposite or juxtaposed people or things. For example:

学校必须不断提高管理方面的水平。
你对京剧的哪些方面比较了解呢？
我们可以从正反两个方面去分析这件事。

学校的新图书馆
The school's new library 2

练习 Drills

听力练习 Listening Drills

1 听课文，回答问题。 02-4

Listen to the texts and answer the questions.

（1）新图书馆都增加了什么？
Xīn túshūguǎn dōu zēngjiāle shénme?

（2）借书的规定有什么变化？
Jièshū de guīdìng yǒu shénme biànhuà?

（3）图书馆除了可以借书外，还有什么服务？
Túshūguǎn chúle kěyǐ jièshū wài, hái yǒu shénme fúwù?

（4）莎莉刚借了两本什么书？
Shālì gāng jièle liǎngběn shénmeshū?

（5）莎莉提醒大卫什么？
Shālì tíxǐng Dàwèi shénme?

（6）莎莉和大卫要参加的是什么讲座？
Shālì hé Dàwèi yào cānjiā de shì shénme jiǎngzuò?

2 听句子，判断对错。 02-5

Listen to the following sentences and tell whether they are true or false.

（1）新图书馆可以使用了。　　　　　　　　　　　　　　（　　）

（2）图书馆借书时间比以前少了。　　　　　　　　　　　（　　）

（3）借不到的书可以复印一本。　　　　　　　　　　　　（　　）

（4）我刚借了两本科学方面的书。　　　　　　　　　　　（　　）

（5）在咖啡馆里读书不会被打扰。　　　　　　　　　　　（　　）

（6）我昨天听了一场关于中国历史的讲座。　　　　　　　（　　）

3 听录音，选择正确答案。 02-6

Listen to the recordings and choose the correct answers.

（1）A. 借了一本书　　　　　　　B. 借了三本书
　　　C. 借了四本书　　　　　　　D. 借了两本书

（2）A. 不想把书借给男的　　　　 B. 还没看完那本书
　　　C. 书已经还回去了　　　　　D. 书被别人借走了

（3）A. 三本 B. 四本
　　　C. 五本 D. 二本
（4）A. 图书增加了很多 B. 座位没有那么多
　　　C. 讲座还是两周一次 D. 电脑跟以前一样多
（5）A. 文化 B. 艺术
　　　C. 历史 D. 科学
（6）A. 必须马上还书 B. 一个月不能借书
　　　C. 还书一周后才能借书 D. 还书后就可以借书了

口语练习 Speaking Drills

4 听后复述，并模仿造句。　02-7

Listen and retell. Imitate the structures to build new sentences.

（1）_____
（2）_____
（3）_____
（4）_____
（5）_____
（6）_____

5 看图说话。

Look and say.

（1）
杂志

（2）
复印

（3）  网上阅读

（4） 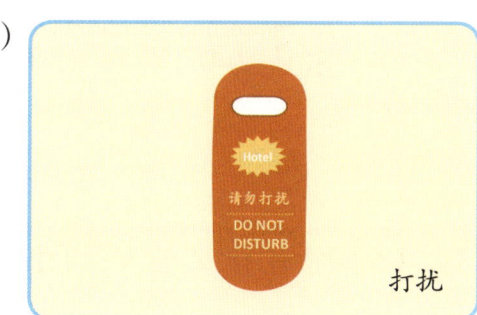 打扰

（5）  还书

（6）  讲座

6 回答问题。
Answer the questions.

（1）你平时喜欢去图书馆吗？为什么？

（2）你觉得现在的图书馆和以前的一样吗？

（3）你对学校图书馆的管理规定有什么建议？

（4）你觉得十年以后的图书馆会是什么样子的？

（5）你认为听讲座对你有帮助吗？为什么？

（6）你有什么喜欢的书吗？给大家介绍一下。

Lesson 3 请注意文明旅游
Qǐng zhùyì wénmíng lǚyóu
Please travel in a civilized manner

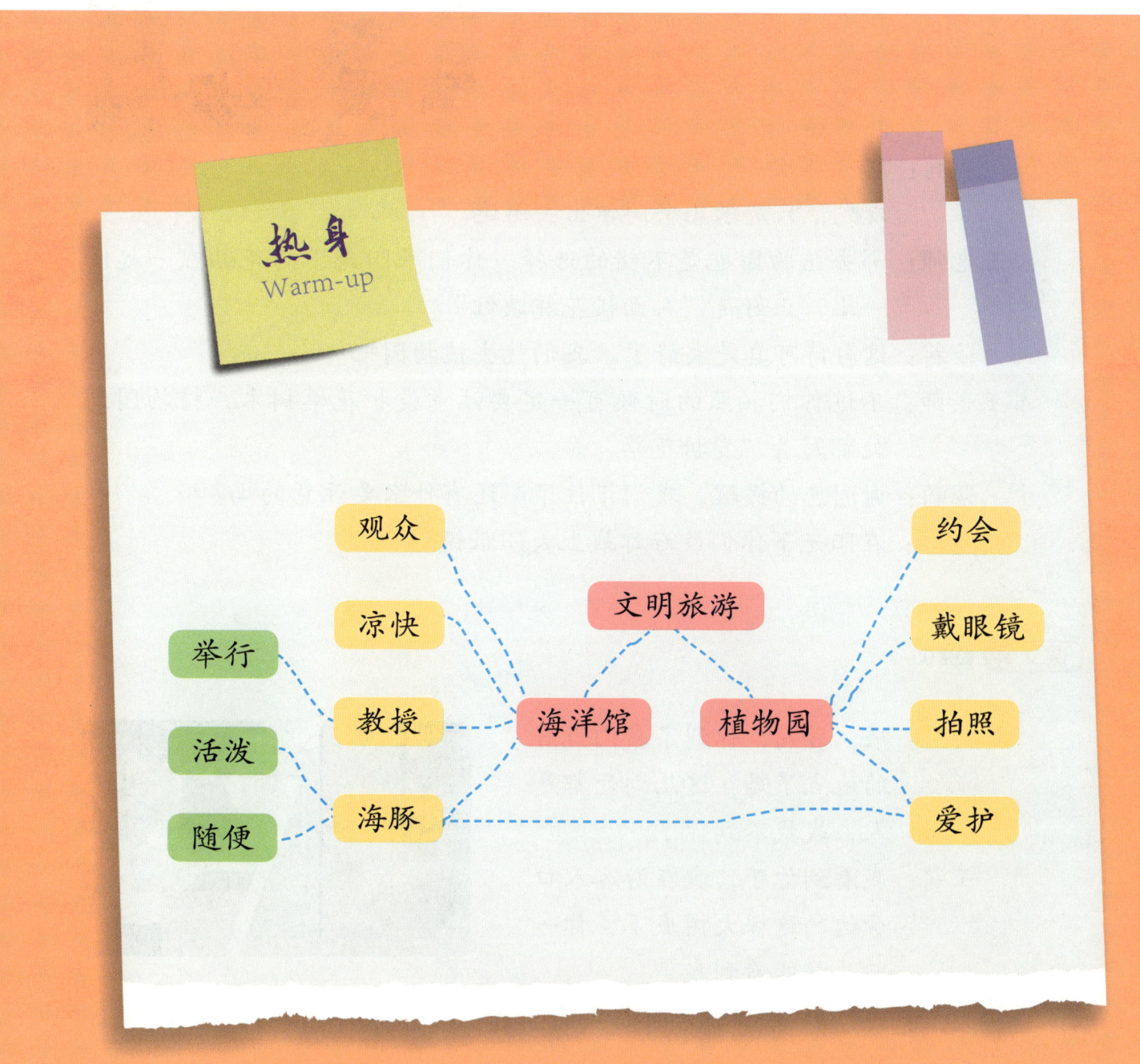

课文 Text

课文 1 03-1

莎莉：王老师，明天我要跟朋友出去玩儿，去哪里比较好呢？

王老师：是跟男朋友约会吗？这么暖和的天气，万里无云的，去植物园最合适不过了。

莎莉：您可误会了，我还没有男朋友呢，只是跟几个同学出去逛逛。

王老师：那去植物园也是不错的选择。你们跟阳光下的花站在一起比一比，正好是"人面桃花相映红"。

莎莉：这句诗可真是太好了。我们就去植物园吧。

王老师：不过你们拍照的时候可一定要注意爱护花草树木，植物园到处都写着"爱护花草"。

莎莉：谢谢您的提醒，我们记住了。还有什么要注意的吗？

王老师：在阳光下你们最好都戴上太阳眼镜。

课文 2 03-2

大卫：喂，莎莉，你到了我们说好的地点了吗？这儿到处都是人，我找不到你了。

莎莉：我看到你了，我在游客入口旁边的这棵大树底下，你一回头就能看到我。

大卫：终于找到你了，咱们快买票进去吧。跟外面相比，里面可凉快了！

请注意文明旅游 3
Please travel in a civilized manner

莎莉：听说今天海洋馆里正在举行一场保护海洋动物的知识讲座，邀请的是一个专门研究深海动物的教授，我们去听听吧。

大卫：好啊，听完讲座我们再去看那些海洋动物们吧。我最喜欢活泼的海豚，我还给它们带了吃的。

莎莉：你可别乱给动物们吃东西，你吃的东西可不一定适合它们，可能会让它们不舒服的，不要好心干了坏事。

大卫：抱歉，是我粗心了，没有提前了解一下海洋馆的规定。

课文 3 ▶ 03-3

前两天，莎莉和几个朋友打算到大自然里走走。王老师建议她们去植物园，因为这个季节植物园里的花也开了，草也绿了，美极了！王老师提醒她们，在植物园游玩，一定要爱护里面的花草树木，把美丽的景色留给大家。

今天，莎莉和我又去了海洋馆。我们不仅听了一场知识讲座，还去看了可爱的海洋动物们。当然了，海洋馆里是不能随便给动物们东西吃的，我们得爱护它们。

跟过去相比，现在出门旅游的人是越来越多了。大家可一定要注意文明旅游。

课文拼音 Texts in Pinyin

课文 1

Shālì: Wáng lǎoshī, míngtiān wǒ yào gēn péngyou chūqù wánr, qù nǎlǐ bǐjiào hǎo ne?

Wáng lǎoshī: Shì gēn nán péngyou yuēhuì ma? Zhème nuǎnhuo de tiānqì, wànlǐ-wúyún de, qù zhíwùyuán zuì héshì búguò le.

Shālì: Nín kě wùhuì le, wǒ hái méiyǒu nán péngyou ne, zhǐshì gēn jǐ gè tóngxué chūqù guàngguang.

Wáng lǎoshī: Nà qù zhíwùyuán yě shì bùcuò de xuǎnzé. Nǐmen gēn yángguāng xià de huā zhàn zài yìqǐ bǐ yì bǐ, zhènghǎo shì "rénmiàn táohuā xiāng yìng hóng".

Shālì: Zhè jù shī kě zhēn shì tài hǎo le. Wǒmen jiù qù zhíwùyuán ba.

Wáng lǎoshī: Búguò nǐmen pāizhào de shíhou kě yídìng yào zhùyì àihù huācǎo shùmù, zhíwùyuán dàochù dōu xiězhe "àihù huācǎo".

Shālì: Xièxie nín de tíxǐng, wǒmen jìzhù le. Háiyǒu shénme yào zhùyì de ma?

Wáng lǎoshī: Zài yángguāng xià nǐmen zuìhǎo dōu dàishàng tàiyáng yǎnjìng.

课文 2

Dàwèi: Wèi, Shālì, nǐ dàole wǒmen shuōhǎo de dìdiǎn le ma? Zhèr dàochù dōu shì rén, wǒ zhǎo bú dào nǐ le.

Shālì: Wǒ kàndào nǐ le, wǒ zài yóukè rùkǒu pángbiān de zhè kē dà shù dǐxia, nǐ yì huítóu jiù néng kàndào wǒ.

Dàwèi: Zhōngyú zhǎodào nǐ le, zánmen kuài mǎi piào jìnqù ba. Gēn wàimiàn xiāngbǐ, lǐmiàn kě liángkuài le!

Shālì: Tīngshuō jīntiān hǎiyángguǎn li zhèngzài jǔxíng yì chǎng bǎohù hǎiyáng dòngwù de zhīshi jiǎngzuò, yāoqǐng de shì yí gè zhuānmén yánjiū shēnhǎi dòngwù de jiàoshòu, wǒmen qù tīngting ba.

Dàwèi: Hǎo ā, tīng wán jiǎngzuò wǒmen zài qù kàn nàxiē hǎiyáng dòngwùmen ba. Wǒ zuì xǐhuan huópō de hǎitún, wǒ hái gěi tāmen dàile chī de.

Shālì: Nǐ kě bié luàn gěi dòngwùmen chī dōngxi, nǐ chī de dōngxi kě bù yídìng shìhé tāmen, kěnéng huì ràng tāmen bù shūfú de, búyào hǎoxīn gànle huài shì.

Dàwèi: Bàoqiàn, shì wǒ cūxīn le, méiyǒu tíqián liǎojiě yíxià hǎiyángguǎn de guīdìng.

课文 3

Qián liǎng tiān, Shālì hé jǐ gè péngyou dǎsuàn dào dàzìrán li zǒuzou. Wáng lǎoshī jiànyì tāmen qù zhíwùyuán, yīnwèi zhège jìjié zhíwùyuán li de huā yě kāi le, cǎo yě lǜ le, měi jí le! Wáng lǎoshī tíxǐng tāmen, zài zhíwùyuán yóuwán, yídìng yào àihù lǐmiàn de huācǎo shùmù, bǎ měilì de jǐngsè liúgěi dàjiā.

Jīntiān, Shālì hé wǒ yòu qùle hǎiyángguǎn. Wǒmen bùjǐn tīngle yì chǎng zhīshi jiǎngzuò, hái qù kànle kě'ài de hǎiyáng dòngwùmen. Dāngrán le, hǎiyángguǎn li shì bù néng suíbiàn gěi dòngwùmen dōngxi chī de, wǒmen děi àihù tāmen.

Gēn guòqù xiāngbǐ, xiànzài chūmén lǚyóu de rén shì yuè lái yuè duō le. Dàjiā kě yídìng yào zhùyì wénmíng lǚyóu.

请注意文明旅游 3
Please travel in a civilized manner

生词 New Words

约会	yuēhuì	v.	to go on a date; to have an appointment
暖和	nuǎnhuo	adj.	warm
*万里无云	wànlǐ-wúyún		vast, cloudless sky
*植物园	zhíwùyuán	n.	botanical garden
*人面桃花相映红	rénmiàn táohuā xiāng yìng hóng		rosy face reflected by peach blossoms (*a line from a poem by Cui Hu, a Tang dynasty poet*)
*诗	shī	n.	poem
*爱护	àihù	v.	to cherish, to take good care of
*拍照	pāizhào	v.	to take a photo; to shoot a video
戴	dài	v.	(*of accessories*) to wear
眼镜	yǎnjìng	n.	glasses, spectacles
*地点	dìdiǎn	n.	place, site
底	dǐ	n.	bottom, base
凉快	liángkuai	adj.	(*of weather*) pleasantly cool
海洋馆	hǎiyángguǎn	n.	aquarium
举行	jǔxíng	v.	to hold (a meeting, event, etc.)
教授	jiàoshòu	n.	professor
活泼	huópō	adj.	lively, vivacious
*海豚	hǎitún	n.	dolphin
干	gàn	adj.	to do, to act
抱歉	bàoqiàn	v.	to be sorry
粗心	cūxīn	adj.	careless, thoughtless
建议	jiànyì	v.	to suggest, to recommend
随便	suíbiàn	adj.	casual, at random
*文明	wénmíng	n.	civilization; civilized

23

语法点 Language Points

1 "可₂"：副词，用于一般陈述句，后面跟动词或"不+形容词"，表示强调语气，多用于口语。有时稍有出乎意料的意思。例如：

"可₂" is an adverb used in general declarative sentences in order to emphasize the tone. It is followed by a verb or by "不+adj." and is mainly used in spoken Chinese. Sometimes it may also indicate that something is a bit beyond one's expectations. For example:

他可没说过这样的话。

我可知道他这个人，他说到做到。

这个问题可不简单，得好好研究一下。

2 "可₃"：副词，用于感叹句，句末多有语气助词。例如：

"可₃" is an adverb used in exclamative sentences and often accompanied by modal particles at the end of the sentence. For example:

她中文说得可好啦！

这鱼可新鲜呢！

你可回来了，真把人急坏了。

3 "到处"：副词，表示任何地方；各处，指说话人所指的动作或状态的全部范围。常与"都"搭配使用。例如：

"到处" is an adverb which means all the places, everywhere. It shows the full extent of the action or state indicated by the speaker. For example:

过年了，店内店外到处都挂满了灯笼。

孩子的玩具扔得到处都是。

车站内外到处都是人。

4 "跟……相比"："跟"是介词，用于引进比较或比拟的对象，与"和""同"意思接近，与"比""相同""不同""一样""差不多"等词一起表示比较。例如：

"跟" is a preposition used to introduce the object of comparison or parallel and has a similar meaning with "和" and "同". It usually forms a structure together with words like "比""相同""不同""一样""差不多", etc. For example:

跟昨天相比，今天气温下降不少。

跟去年相比，他长高了十厘米。

我的爱好跟你的差不多。

请注意文明旅游

Please travel in a civilized manner 3

练习 Drills

听力练习 Listening Drills

1 听课文，回答问题。 🎧 03-4

Listen to the texts and answer the questions.

（1）王老师建议莎莉去哪里？为什么？

（2）莎莉要跟谁一起出去玩儿？

（3）王老师让莎莉注意什么？

（4）莎莉在哪儿等大卫？

（5）莎莉和大卫在海洋馆听了什么讲座？

（6）为什么不能随便给动物们东西吃？

2 听句子，判断对错。 🎧 03-5

Listen to the following sentences and tell whether they are true or false.

（1）莎莉明天要跟男朋友见面。　　　　　　　　　　（　　）

（2）周末去海洋馆的人很多。　　　　　　　　　　　（　　）

（3）海洋馆规定不能随便给动物们吃东西。　　　　　（　　）

（4）今天很适合去植物园拍照。　　　　　　　　　　（　　）

（5）莎莉正在图书馆看书。　　　　　　　　　　　　（　　）

（6）我们要注意文明旅游。　　　　　　　　　　　　（　　）

3 听录音，选择正确答案。 🎧 03-6

Listen to the recordings and choose the correct answers.

（1）A. 阴天　　　　　　　　　B. 雨天

　　　C. 雪天　　　　　　　　　D. 晴天

（2）A. 抱怨男的来晚了　　　　B. 觉得自己出发晚了

　　　C. 自己没等很久　　　　　D. 觉得自己来早了

（3）A. 不想休息　　　　　　　B. 不觉得热

　　　C. 想多拍些照片　　　　　D. 想给女的拍照

（4）A. 只有校内的人能听　　　　B. 八点开始
　　　C. 在101教室举行　　　　　D. 很多人都想听
（5）A. 必须尊重女生　　　　　　B. 一定要一起吃饭
　　　C. 没必要早到　　　　　　　D. 早点送女生回家
（6）A. 游客可以给动物吃东西　　B. 女的去动物园喂熊猫了
　　　C. 女的不理解动物园的规定　D. 健康的东西可以给熊猫吃

口语练习 Speaking Drills

4 听后复述，并模仿造句。　03-7

Listen and retell. Imitate the structures to build new sentences.

（1）_____
（2）_____
（3）_____
（4）_____
（5）_____
（6）_____

5 看图说话。

Look and say.

（1）
植物园

（2）
海洋馆

（3）
暖和

（4）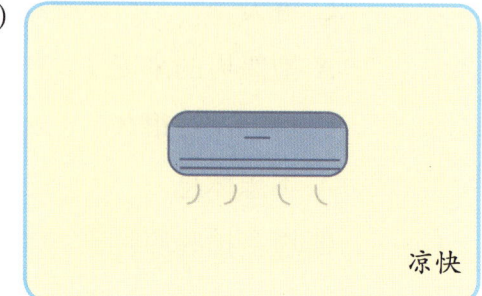
凉快

请注意文明旅游 3
Please travel in a civilized manner

（5）
眼镜

（6）
戴

6 回答问题。
Answer the questions.

　　　　Nǐ xǐhuan lǚyóu ma? Wèi shénme?
（1）你 喜 欢 旅 游 吗？为 什 么？

_____

_____

　　　　Nǐ měi cì chūmén lǚyóu dōu huì dài shénme dōngxi? Wèi shénme?
（2）你 每 次 出 门 旅 游 都 会 带 什 么 东 西？为 什 么？

_____

_____

　　　　Nǐ juéde lǚyóu shí yào zhùyì shénme?
（3）你 觉 得 旅 游 时 要 注 意 什 么？

_____

_____

　　　　Nǐ chūqù wánr de shíhou ài pāizhào ma? Wèi shénme
（4）你 出 去 玩 儿 的 时 候 爱 拍 照 吗？为 什 么？

_____

_____

　　　　Zài lǚyóu shí, nǐ jiànguo shénmeyàng de bù wénmíng xíngwéi?
（5）在 旅 游 时，你 见 过 什 么 样 的 不 文 明 行 为？

_____

_____

　　　　Qǐng jièshào nǐ de yí cì lǚxíng jīnglì.
（6）请 介 绍 你 的 一 次 旅 行 经 历。

_____

_____

4 Lesson Four

Běijīng huānyíng nǐ
北京欢迎你
Beijing welcomes you

热身
Warm-up

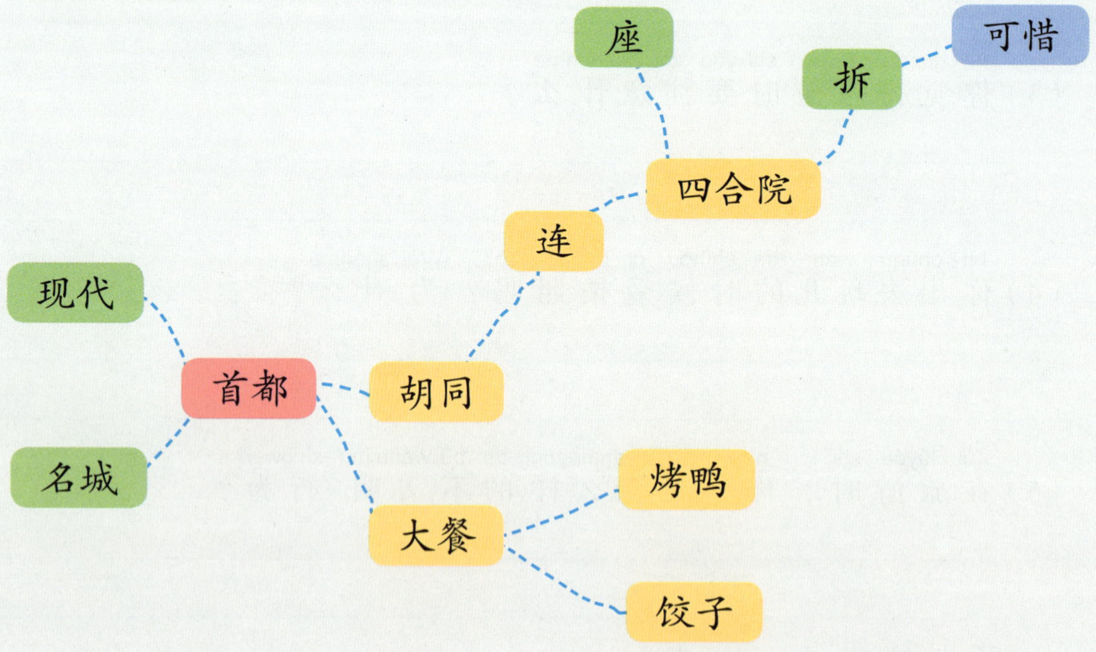

- 座
- 拆
- 可惜
- 四合院
- 连
- 现代
- 首都
- 胡同
- 名城
- 大餐
- 烤鸭
- 饺子

课文 Text

课文 1 04-1

莎莉：你怎么买了这么多东西？

大卫：我的好朋友杰米一家要来中国旅游。我想做点中国菜给他们尝尝，你有什么好建议吗？

莎莉：听说中国有句话叫作"上车饺子下车面"，你不是会做鸡蛋面吗？要不，就给他们每人下碗面条吧，一方面很有中国文化特点，另一方面还方便省事儿！

大卫：每人一碗面条？你在开玩笑吗？至少得有鸡有鱼吧。

莎莉：你要想吃大餐，我建议你还是别在家里做了。你的厨房太小，做起来很麻烦。我是你的话，就找一家北京烤鸭的餐厅，请他们吃北京烤鸭。

大卫：好主意！我做的菜当然没有北京烤鸭好吃。

课文 2 04-2

大卫：杰米，明天你们有什么安排？要不，我来当导游，陪你们全家先去逛逛胡同吧。每条胡同都连着好几座四合院，不熟悉路的人稍微不注意，就会迷路。

杰米：太棒了！我听说胡同里可热闹了，又有好看的，又有好吃的，来北京旅行的人都会去看看。

大卫：是的，北京的胡同是很有名的，不过，可惜的是，现在留下来的四合院只是一小部分了，很多原来的四合院都被拆掉了。

杰米：为什么要拆掉呢？

大卫：一方面是为了发展交通，另一方面也是因为人们觉得现代的房子住起来更舒服、更安全。世界上像北京这样有历史的城市都遇到过这样的问题。不过北京很快就认识到了四合院和胡同的重要性，把它们都保护了起来，不允许随便拆了。现在还有至少一千条胡同呢。

课文 3 04-3

这次，我的好朋友杰米和他的家人来北京旅游，我可得带着他们好好玩儿玩儿。不仅要请他们尝尝有名的北京烤鸭，还要带他们逛逛北京的胡同和四合院。

北京是中国的首都，也是著名的历史文化名城，值得逛的地方太多了，不仅有长城、故宫，还有胡同和四合院。每条胡同都有自己的名字，也有自己的故事。一般一条胡同连着好几座四合院，稍微不注意，就可能迷路。现在的四合院跟以前相比，少了很多，因为要发展经济而被拆掉了，真是太可惜了。

课文拼音 Texts in Pinyin

课文 1　　Shālì: Nǐ zěnme mǎile zhème duō dōngxi?

　　　　　Dàwèi: Wǒ de hǎo péngyou Jiémǐ yìjiā yào lái Zhōngguó lǚyóu. Wǒ xiǎng zuò diǎn Zhōngguó cài gěi tāmen chángchang, nǐ yǒu shénme hǎo jiànyì ma?

　　　　　Shālì: Tīngshuō Zhōngguó yǒu jù huà jiàozuò "shàngchē jiǎozi xiàchē miàn", nǐ búshì huì zuò jīdànmiàn ma? Yàobù, jiù gěi tāmen měi rén xià wǎn miàntiáo ba, yì fāngmiàn hěn yǒu Zhōngguó wénhuà tèdiǎn, lìng yì fāngmiàn hái fāngbiàn shěng shìr!

4 北京欢迎你 / Beijing welcomes you

Dàwèi: Měi rén yì wǎn miàntiáo? Nǐ zài kāi wánxiào ma? Zhìshǎo děi yǒu jī yǒu yú ba.
Shālì: Nǐ yào xiǎng chī dàcān, wǒ jiànyì nǐ háishi bié zài jiā li zuò le. Nǐ de chúfáng tài xiǎo, zuò qǐlái hěn máfan. Wǒ shì nǐ de huà, jiù zhǎo yì jiā Běijīng kǎoyā de cāntīng, qǐng tāmen chī Běijīng kǎoyā.
Dàwèi: Hǎo zhǔyi! Wǒ zuò de cài dāngrán méiyǒu Běijīng kǎoyā hǎo chī.

课文 2

Dàwèi: Jiémǐ, míngtiān nǐmen yǒu shénme ānpái? Yàobù, wǒ lái dāng dǎoyóu, péi nǐmen quánjiā xiān qù guàngguang hútòng ba. Měi tiáo hútòng dōu liánzhe hǎo jǐ zuò sìhéyuàn, bù shúxi lù de rén shāowēi bú zhùyì, jiù huì mílù.
Jiémǐ: Tài bàng le! Wǒ tīngshuō hútòng li kě rènao le, yòu yǒu hǎokàn de, yòu yǒu hǎochī de, lái Běijīng lǚxíng de rén dōu huì qù kànkan.
Dàwèi: Shì de, Běijīng de hútòng shì hěn yǒumíng de, búguò, kěxī de shì, xiànzài liú xiàlái de sìhéyuàn zhǐ shì yì xiǎo bùfen le, hěn duō yuánlái de sìhéyuàn dōu bèi chāidiào le.
Jiémǐ: Wèi shénme yào chāidiào ne?
Dàwèi: Yì fāngmiàn shì wèile fāzhǎn jiāotōng, lìng yì fāngmiàn yě shì yīnwèi rénmen juéde xiàndài de fángzi zhù qǐlái gèng shūfu, gèng ānquán. Shìjiè shang xiàng Běijīng zhèyang yǒu lìshǐ de chéngshì dōu yùdàoguo zhèyàng de wèntí. Búguò Běijīng hěn kuài jiù rènshi dàole sìhéyuàn hé hútòng de zhòngyàoxìng, bǎ tāmen dōu bǎohùle qǐlái, bù yǔnxǔ suíbiàn chāi le. Xiànzài háiyǒu zhìshǎo yìqiān tiáo hútòng ne.

课文 3

Zhè cì, wǒ de hǎo péngyou Jiémǐ hé tā de jiārén lái Běijīng lǚyóu, wǒ kě děi dàizhe tāmen hǎohǎo wánrwánr. Bùjǐn yào qǐng tāmen chángchang yǒumíng de Běijīng kǎoyā, háiyào dài tāmen guàngguang Běijīng de hútòng hé sìhéyuàn.

Běijīng shì Zhōngguó de shǒudū, yě shì zhùmíng de lìshǐ wénhuà míngchéng, zhídé guàng de dìfang tài duō le, bùjǐn yǒu Chángchéng, Gùgōng, hái yǒu hútòng hé sìhéyuàn. Měi tiáo hútòng dōu yǒu zìjǐ de míngzi, yě yǒu zìjǐ de gùshi. Yìbān yì tiáo hútòng liánzhe hǎo jǐ zuò sìhéyuàn, shāowēi bú zhùyì, jiù kěnéng mílù. Xiànzài de sìhéyuàn gēn yǐqián xiāngbǐ, shǎole hěn duō, yīnwèi yào fāzhǎn jīngjì ér bèi chāidiào le, zhēn shì tài kěxī le.

生词 New Words

饺子	jiǎozi	n.	jiaozi, dumpling (*stuffed with meat and / or vegetables*)
*要不	yàobu	conj.	otherwise, or else

续表

开玩笑	kāi wánxiào		to be kidding, to make a joke
至少	zhìshǎo	adv.	at least
*大餐	dàcān	n.	feast
麻烦	máfan	adj.	bothersome
烤鸭	kǎoyā	n.	roast duck
*胡同	hútòng	n.	*hutong*; alley, lane
连	lián	v.	to link, to connect
座	zuò	m.	*used with bridges, mountains, buildings, etc.*
*四合院	sìhéyuàn	n.	*siheyuan*, courtyard house (courtyard with buildings on all four sides)
稍微	shāowēi	adv.	a little, slightly
可惜	kěxī	adj.	unfortunately, it's a pity
*拆	chāi	v.	to tear down
*现代	xiàndài	adj.	modern
性	xìng	suffix	*used to form noun and adjective*
首都	shǒudū	n.	capital (of a country)
*名城	míngchéng	n.	famous city

专有名词 Proper Nouns

长城	Chángchéng	the Great Wall
*故宫	Gùgōng	the Forbidden City, the Imperial Palace

语法点 Language Points

1 "要不"：连词，表示选择。在交流中带有试探、征求意见的语气。也说"要不然"。例如：

"要不" is a conjunction which indicates a choice. It shows a tone of trying out or seeking suggestions. "要不然" is also used. For example:

咱们今天中午做面条吧，要不，包饺子？

妈妈，你能陪我玩一会儿吗？要不，给我讲个故事也行。

咱们明天去故宫吧，要不然，咱就去爬长城！

2 "一方面……，另一方面……"：关联词语，连接并列的两种相互关联的事物，或一个事物的两个方面。可以连接两个小句，也可以连接两个介词短语。后面常有副词"又""也""还"。例如：

"一方面……，另一方面……" is a structure using connectors. It connects two juxtaposed things which are interrelated or two aspects of the same thing. It can connect two clauses as well as two prepositional phrases. It is often followed by the adverbs "又" "也" "还". For example:

一方面要增加生产，另一方面又要厉行节约。

我们一方面要努力学习，另一方面还要好好锻炼身体。

在不同的地方，这种植物有不一样的变化。一方面是因为土质不同，另一方面也是由于气候不同。

3 "至少"：副词，表示最低限度。后面可以跟数量短语、动词性短语或"动词+数量短语"。例如：

"至少" is an adverb which indicates a minimum. It can be followed by phrases expressing quantity, verb phrases or "verb+quantity phrase" structures. For example:

这篇文章至少三万字。

你虽然没有见过他，但至少听说过他的名字吧？

从这儿到公园，至少得走二十分钟。

练习 Drills

听力练习 Listening Drills

1 听课文，回答问题。 04-4

Listen to the texts and answer the questions.

（1）Dàwèi wèi shénme mǎile nàme duō dōngxi?
大卫为什么买了那么多东西？

（2）Shālì wèi shénme jiànyì Dàwèi zuò miàntiáo gěi Jiémǐ yìjiā chī?
莎莉为什么建议大卫做面条给杰米一家吃？

（3）Shālì wèi shénme jiànyì Dàwèi qǐng Jiémǐ qù chī kǎoyā?
莎莉为什么建议大卫请杰米去吃烤鸭？

（4）Wèi shénme lái Běijīng lǚyóu de rén dōu huì qù hútòng?
为什么来北京旅游的人都会去胡同？

HSK 标准会话教程4（下）
Standard Conversational Course 4 (B)

　　　　　　　　　Sìhéyuàn wèi shénme bèi chāidiào le?
（5）四合院 为 什么 被 拆掉 了？

　　　　　　　　Dàwèi dǎsuàn dài Jiémǐ yìjiā zuò shénme?
（6）大卫 打算 带 杰米 一家 做 什么？

2 听句子，判断对错。　🎧 04-5

Listen to the following sentences and tell whether they are true or false.

（1）在中国，送朋友离开时要吃饺子和面条。　　　　　（　　）

（2）这道菜味道正好。　　　　　　　　　　　　　　（　　）

（3）我更喜欢住四合院。　　　　　　　　　　　　　（　　）

（4）他和朋友在学校里的一家餐厅吃了烤鸭。　　　　（　　）

（5）这个城市为了发展经济，拆掉了很多四合院。　　（　　）

（6）来北京旅游的话，爬长城是必须的。　　　　　　（　　）

3 听录音，选择正确答案。　🎧 04-6

Listen to the recordings and choose the correct answers.

（1）A. 她去过很多国家　　　　B. 她在中国南方留过学
　　　C. 她会做中国菜　　　　　D. 不用担心吃饭问题

（2）A. 胡同不应该拆掉　　　　B. 城市不应该发展
　　　C. 胡同都应该拆掉　　　　D. 城市发展更重要

（3）A. 四合院更安全　　　　　B. 四合院更有特点
　　　C. 四合院更舒服　　　　　D. 四合院更便宜

（4）A. 为了发展交通　　　　　B. 住起来不安全
　　　C. 住起来不舒服　　　　　D. 住的人少

（5）A. 故宫　　　　　　　　　B. 胡同
　　　C. 长城　　　　　　　　　D. 前门

（6）A. 四合院需要发展　　　　B. 支持拆掉四合院和胡同
　　　C. 胡同没有历史意义　　　D. 支持保护四合院和胡同

口语练习 Speaking Drills

4 听后复述，并模仿造句。 🎧 04-7

Listen and retell. Imitate the structures to build new sentences.

（1）_____

（2）_____

（3）_____

（4）_____

（5）_____

（6）_____

5 看图说话。

Look and say.

（1）
首都

（2）
开玩笑

（3）
麻烦

（4）
连

（5）
现代

（6）
拆

6 回答问题。
Answer the questions.

(1) 你会做饭吗？你喜欢做饭吗？

(2) 你最喜欢的中国菜是什么？为什么？

(3) 请介绍一道你们国家的特色菜。

(4) 请介绍一下你们国家的首都。

(5) 你了解北京的历史和今天吗？

(6) 你认为在城市发展和历史文化的保护上，怎么做是最好的？

Lesson Five 美丽新农村
Měilì xīn nóngcūn
Beautiful new countryside

热身 Warm-up

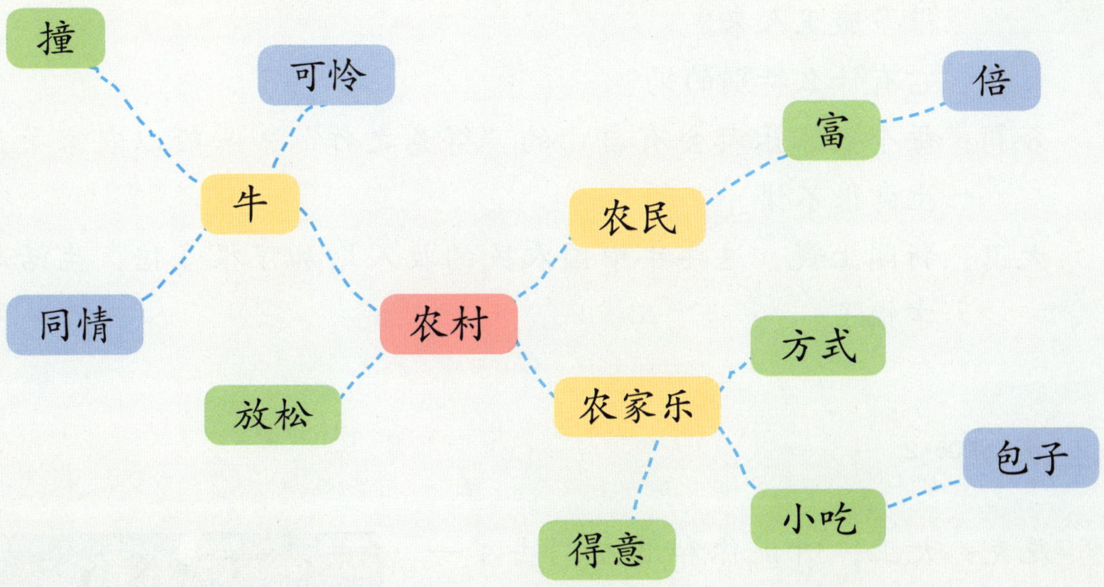

- 撞
- 可怜
- 牛
- 同情
- 放松
- 农村
- 农民
- 富 — 倍
- 方式
- 农家乐
- 小吃 — 包子
- 得意

课文 Text

课文 1 05-1

莎莉：终于到目的地了。出来玩儿一趟真不容易，骑车骑得好累，到底还是缺少锻炼啊！
大卫：累倒是不累，我就是有点饿了。
莎莉：我带了巧克力、饼干、葡萄、西红柿，还有果汁，要来点儿吗？
大卫：这些东西吃不饱，我想吃饺子、包子或者别的小吃。
莎莉：那我们就去吃农家乐吧。
大卫：什么是农家乐啊？
莎莉：农家乐是这些年在中国农村新出现的一种旅游方式，一般都在一些空气新鲜、交通方便的地方。每到周末和节假日，都会有很多城里人来。
大卫：它有什么特别的吗？
莎莉：每个农家乐都会有自己的"得意之作"，一般以农家菜为主，生意很不错。
大卫：新闻上说，这些年中国农民的收入增加了很多倍，生活越来越幸福了。

课文 2 05-2

尼克：大卫，听说你和朋友们去了一趟农家乐，好玩儿吗？
大卫：好玩儿倒是挺好玩儿的，可是在回来的路上发生了一件危险的事。当时我们几个正打算骑

车往回走，突然响起了牛的叫声，接着从路旁的树林里跑出来一头小牛。

尼克：你们被小牛撞到了？

大卫：我们倒没被撞到，可是一辆小汽车差点儿把小牛给撞着了，小牛一害怕就在路上东一下西一下没有方向地乱跑。

尼克：后来怎么样了呢？

大卫：大家正着急的时候，警察赶到了。到底还是警察有办法，很快就把小牛赶回家了。我们看着小牛可怜的样子，还挺同情它的。

尼克：你可以以小牛为题写一篇日记了，说说小牛今天的经历。

课文 3　05-3

今天我跟朋友们兴奋地骑车去郊区玩儿，知道了一个新词语——农家乐。农家乐是近年来在中国农村新出现的一种旅游服务。农村空气新鲜，环境又美，让人感到放松。所以，每到周末或者节假日，就有不少人从城市里来。这也成为农村发展经济的一种方式，农民们的收入增加了好几倍，慢慢地富了起来。

在回来的路上，我们遇到一件危险的事情，一头小牛从树林里跑到马路上，严重影响了交通。我们马上找了警察。在警察的努力下，小牛终于安全回到了自己的家。

课文拼音 Texts in Pinyin

课文 1　　Shālì: Zhōngyú dào mùdìdì le. Chūlái wánr yí tàng zhēn bù róngyì, qíchē qí de hǎo lèi, dàodǐ háishi quēshǎo duànliàn a!

　　　　　　Dàwèi: Lèi dàoshì bú lèi, wǒ jiùshì yǒudiǎnr è le.

Shālì: Wǒ dàile qiǎokèlì, bǐnggān, pútao, xīhóngshì, hái yǒu guǒzhī, yào lái diǎnr ma?
Dàwèi: Zhèxiē dōng xi chī bù bǎo, wǒ xiǎng chī jiǎozi, bāozi huòzhě bié de xiǎochī.
Shālì: Nà wǒmen jiù qù chī nóngjiālè ba.
Dàwèi: Shénme shì nóngjiālè a?
Shālì: Nóngjiālè shì zhèxiē nián zài Zhōngguó nóngcūn xīn chūxiàn de yì zhǒng lǚyóu fāngshì, yìbān dōu zài yìxiē kōngqì xīnxiān, jiāotōng fāngbiàn de dìfang. Měi dào zhōumò hé jiéjiàrì, dōu huì yǒu hěn duō chénglǐ rén lái.
Dàwèi: Tā yǒu shénme tèbié de ma?
Shālì: Měi gè nóngjiālè dōu huì yǒu zìjǐ de "déyì zhī zuò", yìbān yǐ nóngjiācài wéi zhǔ, shēngyi hěn búcuò.
Dàwèi: Xīnwén shang shuō, zhèxiē nián Zhōngguó nóngmín de shōurù zēngjiāle hěnduō bèi, shēnghuó yuè lái yuè xìngfú le.

课文2　　Níkè: Dàwèi, tīngshuō nǐ hé péngyoumen qùle yí tàng nóngjiālè, hǎowánr ma?
Dàwèi: Hǎowánr dàoshì tǐng hǎowánr de, kěshì zài huílái de lù shang fāshēngle yí jiàn wēixiǎn de shì. Dāngshí wǒmen jǐ gè zhèng dǎsuàn qíchē wǎng huí zǒu, tūrán xiǎngqǐle niú de jiàoshēng, jiēzhe cóng lùpáng de shùlín li pǎo chūlái yì tóu xiǎo niú.
Níkè: Nǐmen bèi xiǎo niú zhuàngdào le?
Dàwèi: Wǒmen dào méi bèi zhuàngdào, kěshì yí liàng xiǎoqìchē chàdiǎnr bǎ xiǎo niú gěi zhuàngzhe le, xiǎo niú yí hàipà jiù zài lù shang dōng yíxià xī yíxià méiyǒu fāngxiàng de luàn pǎo.
Níkè: Hòulái zěnmeyàng le ne?
Dàwèi: Dàjiā zhèng zháojí de shíhou, jǐngchá gǎndào le. Dàodǐ háishi jǐngchá yǒu bànfǎ, hěn kuài jiù bǎ xiǎo niú gǎn huí jiā le. Wǒmen kànzhe xiǎo niú kělián de yàngzi, hái tǐng tóngqíng tā de.
Níkè: Nǐ kěyǐ yǐ xiǎo niú wéi tí xiě yì piān rìjì le, shuōshuo xiǎo niú jīntiān de jīnglì.

课文3　　Jīntiān wǒ gēn péngyoumen xìngfèn de qíchē qù jiāoqū wánr, zhīdàole yí gè xīn cíyǔ—nóngjiālè. Nóngjiālè shì jìnnián lái zài Zhōngguó nóngcūn xīn chūxiàn de yì zhǒng lǚyóu fúwù. Nóngcūn kōngqì xīnxiān, huánjìng yōuměi, ràng rén gǎndào fàngsōng. Suǒyǐ, měi dào zhōumò huòzhě jiéjiàrì, jiù yǒu bù shǎo rén cóng chéngshì li lái. Zhè yě chéngwéi nóngcūn fāzhǎn jīngjì de yì zhǒng fāngshì, nóngmínmen de shōurù zēngjiāle hǎo jǐ bèi, mànmàn de fù le qǐlái.
　　Zài huílái de lù shang, wǒmen yùdào yí jiàn wēixiǎn de shìqing, yì tóu xiǎo niú cóng shùlín li pǎodào mǎlù shang, yánzhòng yǐngxiǎngle jiāotōng. Wǒmen mǎshàng zhǎole jǐngchá. Zài jǐngchá de nǔlì xià, xiǎo niú zhōngyú ānquán huídàole zìjǐ de jiā.

美丽新农村
Beautiful new countryside 5

生词 New Words

趟	tàng	m.	(used with round trips) time
到底	dàodǐ	adv.	used to emphasize the reason or characreristic
倒（是）	dào（shì）	adv.	used to indicate concession
巧克力	qiǎokèlì	n.	chocolate
饼干	bǐnggān	n.	biscuit, cracker
葡萄	pútao	n.	grape
西红柿	xīhóngshì	n.	tomato
果汁	guǒzhī	n.	fruit juice
小吃	xiǎochī	n.	snack; small and cheap dishes
包子	bāozi	n.	*baozi*; steamed stuffed bun
*农村	nóngcūn	n.	village, countryside
出现	chūxiàn	v.	to appear, to emerge
得意	déyì	adj.	complacent, pleased with oneself
*农民	nóngmín	n.	farmer, peasant
倍	bèi	m.	(*of numbers and amounts*) time, fold
发生	fāshēng	v.	to happen, to take place
响	xiǎng	v.	to sound, to ring
*撞	zhuàng	v.	to bump against, to collide
*差点儿	chàdiǎnr	adv.	almost, nearly
方向	fāngxiàng	n.	direction, orientation
警察	jǐngchá	n.	police, policeman
赶	gǎn	v.	to rush for, to hurry
可怜	kělián	adj.	pitiable, poor
同情	tóngqíng	v.	to show sympathy for, to feel pity for
兴奋	xīngfèn	adj.	excited
放松	fàngsōng	adj.	relaxed
成为	chéngwéi	v.	to become
*方式	fāngshì	n.	way, method
富	fù	adj.	rich, wealthy

语法点 Language Points

1 "趟"：量词，用于一去一回的动作，一去一回是一趟。一般结构为"动词+数词+趟"，动词带宾语时，宾语经常放在后面；宾语是处所词语时，也可以放在前边。例如：

"趟" is a measure word used with actions with a back and forth movement, "趟" representing one such back and forth movement. The common structure is "verb + numeral + 趟" and when the verb carries an object, the object is usually placed at the end; when the object is a word indicating a location, it can also be placed in front. For example:

他上楼下楼跑了两趟。
他昨天进了（一）趟城。
他打算去天津一趟。

2 "到底₁"：副词，强调原因或特点。用在动词、形容词或主语前，相当于"毕竟"。例如：

"到底₁" is an adverb which emphasizes the reason or characteristic. It is used in front of the verb, adjective or subject and has a similar meaning to "毕竟". For example:

他到底有经验，很快就解决了。
孩子到底小，不懂事。
到底人手多，一会儿就弄完了。

3 "倒是"：副词，表示让步。用在前一小句，后一小句常用"就是""可是""但是""不过"等呼应。也可以省略为"倒"。例如：

"倒是" is an adverb which expresses concession. It is used in the preceding clause and accompanied by "就是""可是""但是""不过", etc. in the succeeding clause. It may also be used as "倒". For example:

质量倒（是）挺好，就是价钱有点贵。
这个题目难倒（是）不难，不过做起来还是要费点儿脑筋。
我跟他认识倒（是）认识，就是不太熟。

4 "以……为……"：以，动词，相当于"用""拿"，文言词。"以……为……"等于"把……作为……"或"认为……是……"。例如：

"以" is a verb which comes from Classical Chinese and has a similar meaning to "用" or "拿". The structure "以……为……" is equivalent to "把……作为……" or "认

为……是……". For example:

他以读书为乐。

大多数人以快乐健康为人生目标。

这个活动以五年级为主。

练习 Drills

听力练习 Listening Drills

1 听课文，回答问题。 🎧 05-4

Listen to the texts and answer the questions.

（1）Dàwèi xiǎng chī shénme?
　　大卫想吃什么？

（2）Shénme shì nóngjiālè?
　　什么是农家乐？

（3）Nóngjiālè wéi nóngmín de shēnghuó dàilái le shénme biànhuà?
　　农家乐为农民的生活带来了什么变化？

（4）Dàwèi zài huílái de lù shang yùdàole shénme?
　　大卫在回来的路上遇到了什么？

（5）Xiǎo niú wèi shénme zài lù shang luànpǎo?
　　小牛为什么在路上乱跑？

（6）Zuìhòu xiǎo niú huíjiā le ma? Shì shéi jiāng tā sòng huí de?
　　最后小牛回家了吗？是谁将它送回的？

2 听句子，判断对错。 🎧 05-5

Listen to the following sentences and tell whether they are true or false.

（1）因为运动时间太长，所以我很累。　　　　　　　　　　（　　）

（2）我今天早上开车的时候差一点儿撞到人。　　　　　　　（　　）

（3）小女孩儿的爸爸是警察。　　　　　　　　　　　　　　（　　）

（4）农家乐让农民的生活越来越好。　　　　　　　　　　　（　　）

（5）我经常吃小吃，所以现在变胖了。　　　　　　　　　　（　　）

（6）郊区空气新鲜，环境美丽，让人觉得很舒服。　　　　　（　　）

3 听录音，选择正确答案。 🎧 05-6

Listen to the recordings and choose the correct answers.

（1）A. 工作压力很大　　　　　B. 每天都很放松
　　　C. 想吃新鲜水果　　　　　D. 周末工作很忙

（2）A. 一定要带好学生卡　　　B. 他也经常忘东忘西
　　　C. 做好准备后再出门　　　D. 以后别去图书馆了

（3）A. 爬山太累了　　　　　　B. 早餐在家吃
　　　C. 早餐吃面包　　　　　　D. 不用带吃的

（4）A. 骑车不方便　　　　　　B. 不会骑自行车
　　　C. 骑车太累　　　　　　　D. 公交车更安全

（5）A. 考试很简单　　　　　　B. 要继续努力
　　　C. 她很不满意　　　　　　D. 成绩不重要

（6）A. 等会儿再去　　　　　　B. 不爱吃火锅
　　　C. 不吃晚饭了　　　　　　D. 她去过这家餐厅

口语练习 Speaking Drills

4 听后复述，并模仿造句。 🎧 05-7

Listen and retell. Imitate the structures to build new sentences.

（1）_____
（2）_____
（3）_____
（4）_____
（5）_____
（6）_____

5 看图说话。
Look and say.

（1）
放松

（2）
任意

（3）
富

（4）
方向

（5）
兴奋

（6）
同情

6 回答问题。
Answer the questions.

    Nǐ jīngcháng qù nóngcūn ma?
（1）你 经 常 去 农村 吗？

_____

    Nǐ liǎojiě Zhōngguó de nóngcūn ma?
（2）你 了解 中 国 的 农村 吗？

_____

(3) Nǐmen guójiā de nóngcūn hé Zhōngguó nóngcūn yíyàng ma?
你们国家的农村和中国农村一样吗？

(4) Nǐmen guójiā de nóngmín kào shénme zēngjiā shōurù?
你们国家的农民靠什么增加收入？

(5) Nǐ juéde nóngcūn hé chéngshì yǒu shénme bùtóng?
你觉得农村和城市有什么不同？

(6) Nǐ xǐhuan zhù zài chéngshì háishi zhù zài nóngcūn?
你喜欢住在城市还是住在农村？

Lesson Six

他可是中国的著名作家
Tā kěshì Zhōngguó de zhùmíng zuòjiā
He's a famous Chinese writer

热身 Warm-up

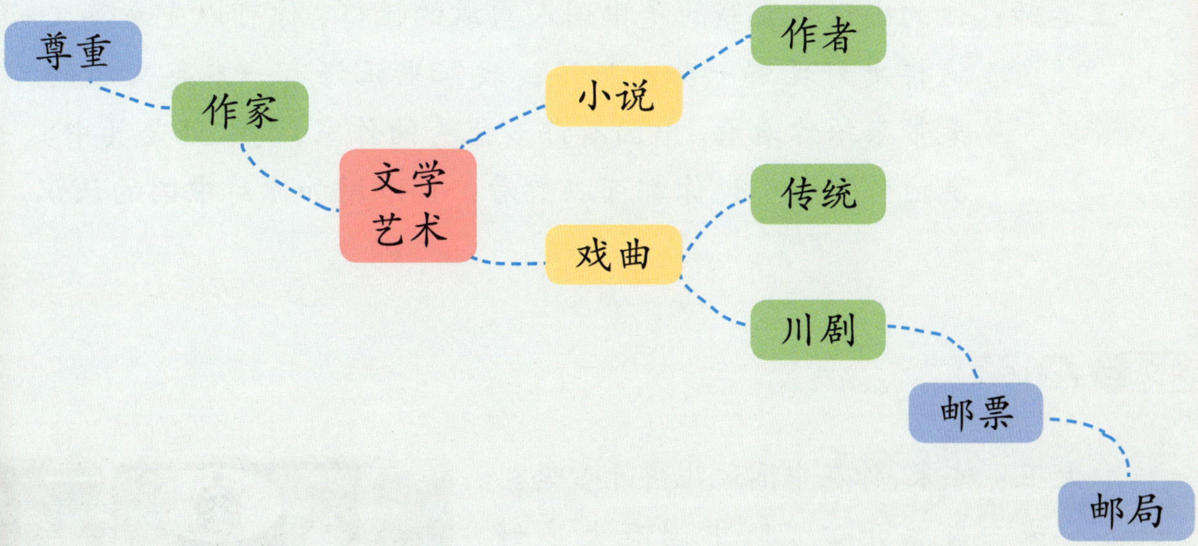

- 尊重
- 作家
- 文学艺术
- 小说
- 戏曲
- 作者
- 传统
- 川剧
- 邮票
- 邮局

课文 Text

课文 1 06-1

王老师：大卫，你在看小说吗？作者是谁啊？

大卫：对啊，我前几天刚从图书馆借了一本莫言的小说，这几天一直在看呢。

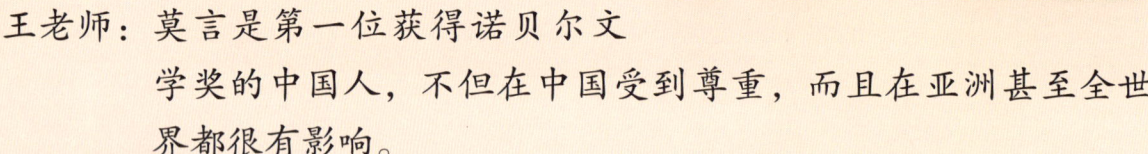

王老师：莫言是第一位获得诺贝尔文学奖的中国人，不但在中国受到尊重，而且在亚洲甚至全世界都很有影响。

大卫：我在英国上文学课的时候，老师也给我们介绍过他，他是到现在为止，我知道的几个中国作家之一，但是他的小说我还是看不太懂。

王老师：他的小说主要写的是中国人勇敢的性格，你可以先看英文版，这样更好理解一些。对了，我家里正好有一本英文版的，明天带来给你看看。中国有许多优秀的作家，莫言只是其中之一，其他作家的小说你都可以看看，可以增加你对中国的认识。

课文 2 06-2

大卫：杰米，你在中国玩儿得开心吗？

杰米：当然开心了！中国有太多好吃好玩儿的了，我不仅吃了烤鸭、火锅等中国菜，还游了长城、故宫和胡同，这一趟真没白来。对了，我还看

他可是中国的著名作家 6
He's a famous Chinese writer

了京剧《霸王别姬》，这个故事让我很感动。

大卫：中国的传统戏曲很丰富，京剧只是其中之一。有一年，老师带我们去四川看了川剧变脸，那是到现在为止我看过的最精彩的表演！

杰米：可惜我这次已经没时间去看了！

大卫：以后还会有机会的。上次我去四川时，在邮局买过几张川剧的邮票，我送你一张吧。

课文 3 06-3

我一直喜欢文学。到现在为止，我看过的小说恐怕有上百本，无论是本国的还是外国的，我都喜欢。

最近，我开始看中国作家的小说。我认为这可以增加我对中国的认识，如果看的是中文版，还对提高中文水平有帮助。

我首先选择的是中国著名作家莫言的小说。以前在英国上文学课时，我听老师介绍过他。这次我看的是莫言小说的中文版，还挺难的。王老师借给了我英文版的，这样我就可以更好地理解小说的内容了。

除了文学外，中国的艺术也很丰富，戏曲就有很多种，川剧是其中一种。我送给杰米一张川剧邮票，希望他下次再来中国的时候，能有机会去看看川剧变脸。

课文拼音 Texts in Pinyin

课文 1　　Wáng lǎoshī: Dàwèi, nǐ zài kàn xiǎoshuō ma? Zuòzhě shì shéi a?
　　　　　Dàwèi: Duì a, wǒ qián jǐ tiān gāng cóng túshūguǎn jièle yì běn Mò Yán de

49

xiǎoshuō, zhè jǐ tiān yìzhí zài kàn ne.

Wáng lǎoshī: Mò Yán shì dì-yī wèi huòdé Nuòbèi'ěr Wénxué Jiǎng de Zhōngguórén, búdàn zài Zhōngguó shòudào zūnzhòng, érqiě zài yàzhōu shènzhì quán shìjiè dōu hěn yǒu yǐngxiǎng.

Dàwèi: Wǒ zài Yīngguó shàng wénxué kè de shíhou, lǎoshī yě gěi wǒmen jièshàoguo tā, tā shì dào xiànzài wéizhǐ, wǒ zhīdào de jǐ gè Zhōngguó zuòjiā zhī yī, dànshì tā de xiǎoshuō wǒ háishi kàn bú tài dǒng.

Wáng lǎoshī: Tā de xiǎoshuō zhǔyào xiě de shì Zhōngguórén yǒnggǎn de xìnggé, nǐ kěyǐ xiān kàn Yīngwén bǎn, zhèyang gènghǎo lǐjiě yìxiē. Duìle, wǒ jiā li zhènghǎo yǒu yì běn Yīngwén bǎn de, míngtiān dàilái gěi nǐ kànkan. Zhōngguó yǒu xǔduō yōuxiù de zuòjiā, Mò Yán zhǐshì qízhōng zhī yī, qí tā zuòjiā de xiǎoshuō nǐ dōu kěyǐ kànkan, kěyǐ zēngjiā nǐ duì Zhōngguó de rènshi.

课文 2

Dàwèi: Jiémǐ, nǐ zài Zhōngguó wánr dé kāixīn ma?

Jiémǐ: Dāngrán kāixīn le! Zhōngguó yǒu tài duō hǎochī hǎowánr de le, wǒ bùjǐn chīle kǎoyā, huǒguō děng Zhōngguó cài, hái yóule Chángchéng, Gùgōng hé hútòng, zhè yí tàng zhēn méi bái lái. Duìle, wǒ hái kànle Jīngjù *"Bàwáng Bié Jī"*, zhège gùshi ràng wǒ hěn gǎndòng.

Dàwèi: Zhōngguó de chuántǒng xìqǔ hěn fēngfù, Jīngjù zhǐshì qízhōng zhī yī. Yǒu yì nián, lǎoshī dài wǒmen qù Sìchuān kànle Chuānjù biànliǎn, nà shì dào xiànguò wéizhǐ wǒ kànguò de zuì jīngcǎi de biǎoyǎn!

Jiémǐ: Kěxī wǒ zhè cì yǐjīng méi shíjiān qù kàn le!

Dàwèi: Yǐhòu hái huì yǒu jīhuì de. Shàng cì wǒ qù Sìchuān shí, zài yóujú mǎiguo jǐ zhāng Chuānjù de yóupiào, wǒ sòng nǐ yì zhāng ba.

课文 3

Wǒ yìzhí xǐhuan wénxué. Dào xiànzài wéi zhǐ, wǒ kànguo de xiǎoshuō kǒngpà yǒu shàng bǎi běn, wúlùn shì běnguó de háishì wàiguó de, wǒ dōu xǐhuan.

Zuìjìn, wǒ kāishǐ kàn Zhōngguó zuòjiā de xiǎoshuō. Wǒ rènwéi zhè kěyǐ zēngjiā wǒ duì Zhōngguó de rènshi, rúguǒ kànde shì Zhōngwén bǎn, hái duì tígāo Zhōngwén shuǐpíng yǒu bāngzhù.

Wǒ shǒuxiān xuǎnzé de shì Zhōngguó zhùmíng zuòjiā Mò Yán de xiǎoshuō. Yǐqián zài Yīngguó shàng wénxué kè shí, wǒ tīng lǎoshī jièshàoguo tā. Zhè cì wǒ kàn de shì Mò Yán xiǎoshuō de Zhōngwén bǎn, hái tǐng nán de. Wáng lǎoshī jiègěile wǒ Yīngwén bǎn de, zhèyàng wǒ jiù kěyǐ gènghǎo de lǐjiě xiǎoshuō de nèiróng le.

Chúle wénxué wài, Zhōngguó de yìshù yě hěn fēngfù, xìqǔ jiù yǒu hěn duō zhǒng, Chuānjù shì qízhōng yì zhǒng. Wǒ sònggěi Jiémǐ yì zhāng Chuānjù yóupiào, xīwàng tā xià cì zài lái Zhōngguó de shíhou, néng yǒu jīhuì qù kànkan Chuānjù biànliǎn.

他可是中国的著名作家
He's a famous Chinese writer

生词 New Words

小说	xiǎoshuō	n.	novel
作者	zuòzhě	n.	author
*文学	wénxué	n.	literature
作家	zuòjiā	n.	writer
勇敢	yǒnggǎn	adj.	brave, courageous
*版	bǎn	n.	version
许多	xǔduō	num.	many, plenty of
其中	qízhōng	adv.	among (which, them, etc.)
白	bái	adv.	in vain
感动	gǎndòng	adj.	to touch, to move; to be touched, to be moved
*戏曲	xìqǔ	n.	traditional (Chinese) opera
邮局	yóujú	n.	post office
*邮票	yóupiào	n.	postage stamp

专有名词 Proper Nouns

*莫言	Mò Yán	Mo Yan, Chinese writer (1955—)
*诺贝尔文学奖	Nuòbèi'ěr Wénxué Jiǎng	the Nobel Prize in Literature
亚洲	Yàzhōu	Asia
*霸王别姬	*Bàwáng Bié Jī*	*Farewell My Concubine*, a traditional Peking opera
*川剧	Chuānjù	Sichuan Opera
*英国	Yīngguó	United Kingdom

语法点 Language Points

1 "为止"：动词，截止；终止。多用于时间、进度等。例如：
"为止" is a verb which means "to be up to" or "so far" and is usually used in

connection with time, progress, etc. For example:

到目前为止，报名的人数已超过三千人。

期末考试的范围就到十八课为止。

这件事情到此为止，以后谁也不能再提了。

2 "之一"："之"，古汉语遗留下来的结构助词，用法大致与现代"的"字相当。后面如果跟名词，"之"可改用"的"，但需要调整音节，把"之"后的单音节改为双音节。如"无价之宝"即"无价的宝贝"，"光荣之家"即"光荣的家庭"；如果后面跟数词，则不能用"的"代替。例如：

"之" is a structural particle transferred over from Classical Chinese, which has approximately the same usage as the modern "的". If it is followed by a noun, "之" can be replaced with "的", but the number of syllables needs to be adjusted by changing the monosyllabic word that follows "之" to a disyllabic word. For instance, "无价之宝" becomes "无价的宝贝", "光荣之家" becomes "光荣的家庭"; if it's followed by a numeral, it cannot be replaced with "的". For example:

这件事情很难解决，问题之一是钱，问题之二是时间。

参加比赛的学生有几个成绩比较好，小明是其中之一。

班上四分之一的学生是女生。

3 "对了"：在对话中，表示突然想起什么事情，并引出新的话题。用于句首。例如：

"对了" is used in conversation when the speaker suddenly remembers something and introduces a new topic. It is used at the beginning of the sentence. For example:

对了，有件事忘了告诉你。

对了，我刚才出门时太着急，忘了带钱包了，你能借给我十块钱吗？

对了，你的药是不是还没吃啊，赶紧吃了吧。

4 "其中"：方位词，那里面，指处所、范围。这是个特殊的方位词，只能单用，不能加在名词的后头。例如：

"其中" is a locative noun, which indicates the location or range, meaning "in there", "of which". It is a special locative noun as it can only be used by itself, it cannot be added after nouns. For example:

这个班共有二十个人，其中一半是新来的。

这本杂志我已经读过，其中几篇文章写得很精彩。

这种草药效果很好，但是其中的药理还不清楚。

他可是中国的著名作家
He's a famous Chinese writer 6

练习 Drills

听力练习 Listening Drills

1 听课文，回答问题。 06-4

Listen to the texts and answer the questions.

(1) 大卫知道哪位中国作家？是怎么知道的？
　　Dàwèi zhīdào nǎ wèi Zhōngguó zuòjiā? Shì zěnme zhīdào de?

(2) 王老师给了大卫哪些建议？
　　Wáng lǎoshī gěile Dàwèi nǎxiē jiànyì?

(3) 杰米在中国吃到了哪些好吃的？去了哪些地方？
　　Jiémǐ zài Zhōngguó chīdàole nǎxiē hǎo chī de? Qùle nǎxiē dìfang?

(4) 大卫看过的最精彩的表演是什么？
　　Dàwèi kànguòde zuì jīngcǎi de biǎoyǎn shì shénme?

(5) 大卫要送给杰米什么？是在哪里买的？
　　Dàwèi yào sònggěi Jiémǐ shénme? Shì zài nǎlǐ mǎi de?

(6) 大卫希望杰米下次来中国时能做什么？
　　Dàwèi xīwàng Jiémǐ xià cì lái Zhōngguó shí néng zuò shénme?

2 听句子，判断对错。 06-5

Listen to the following sentences and tell whether they are true or false.

(1) 我喜欢看莫言的小说。　　　　　　　　　　　　　　（　　）

(2) 莫言获得过诺贝尔文学奖。　　　　　　　　　　　　（　　）

(3) 中国的传统戏曲只有京剧和川剧两种。　　　　　　　（　　）

(4) 我看不懂中文版小说，所以我就不打算看了。　　　　（　　）

(5) 这本小说不但故事精彩，而且非常感人。　　　　　　（　　）

(6) 我今天去邮局买了两张邮票。　　　　　　　　　　　（　　）

3 听录音，选择正确答案。 06-6

Listen to the recordings and choose the correct answers.

(1) A. 她想买一本书　　　　　B. 她正在做研究
　　C. 她不想要这本书　　　　D. 她想给男的书钱

(2) A. 吃火锅　　　　　　　　B. 逛胡同
　　C. 游长城　　　　　　　　D. 看京剧表演

53

（3）A. 先看中文版，后看英文版　　B. 先看英文版，后看中文版
　　　C. 只看中文版　　　　　　　D. 只看英文版

（4）A. 小说的内容是假的　　　　　B. 作家经常写自己的经历
　　　C. 我们都是书中的人　　　　 D. 小说往往来自生活

（5）A. 男的看过京剧变脸　　　　　B. 他们要去看京剧
　　　C. 女的听说过川剧变脸　　　 D. 川剧变脸更精彩

（6）A. 中国传统文化很丰富　　　　B. 三年可以学会一种
　　　C. 坚持下去才能学好　　　　 D. 学习传统文化很容易

口语练习 Speaking Drills

4 听后复述，并模仿造句。　06-7

Listen and retell. Imitate the structures to build new sentences.

（1）_____

（2）_____

（3）_____

（4）_____

（5）_____

（6）_____

5 看图说话。

Look and say.

（1）
小说

（2）
性格

（3）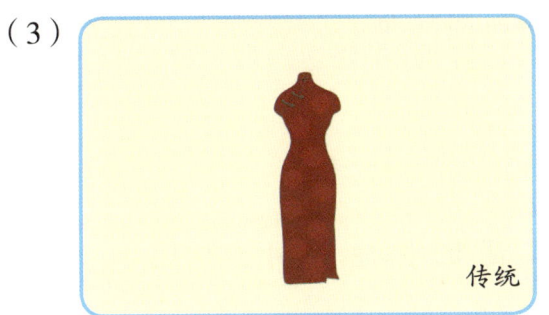
传统

（4）
感动

（5）
戏曲

（6）
邮票

6 回答问题。
Answer the questions.

(1) Rúguǒ nǐ de péngyou yào qù Zhōngguó lǚyóu, nǐ huì gěi tā tuījiàn nǎxiē dìfang?
如果你的朋友要去中国旅游，你会给他推荐哪些地方？

_____

_____

(2) Qǐng jièshào yí bù nǐ xǐhuan de diànyǐng.
请介绍一部你喜欢的电影。

_____

_____

(3) Nǐ zhīdào nǎxiē Zhōngguó de zuòjiā? Jiǎndān jièshào yíxià.
你知道哪些中国的作家？简单介绍一下。

_____

_____

(4) Shuō yí jiàn zuì ràng nǐ gǎndòng de shì.
说一件最让你感动的事。

_____

_____

(5) Qǐng shuōshuo nǐ juéde búcuò de Zhōngwén xuéxí fāngfǎ.
请说说你觉得不错的中文学习方法。

(6) Nǐ rènwéi kàn Zhōngwén xiǎoshuō kěyǐ bāngzhù nǐ xuéxí Zhōngwén ma? Wèi shénme?
你认为看中文小说可以帮助你学习中文吗？为什么？

7 Lesson Seven

Wǒ shì gè tǐyù àihǎozhě
我是个体育爱好者
I am a sports enthusiast

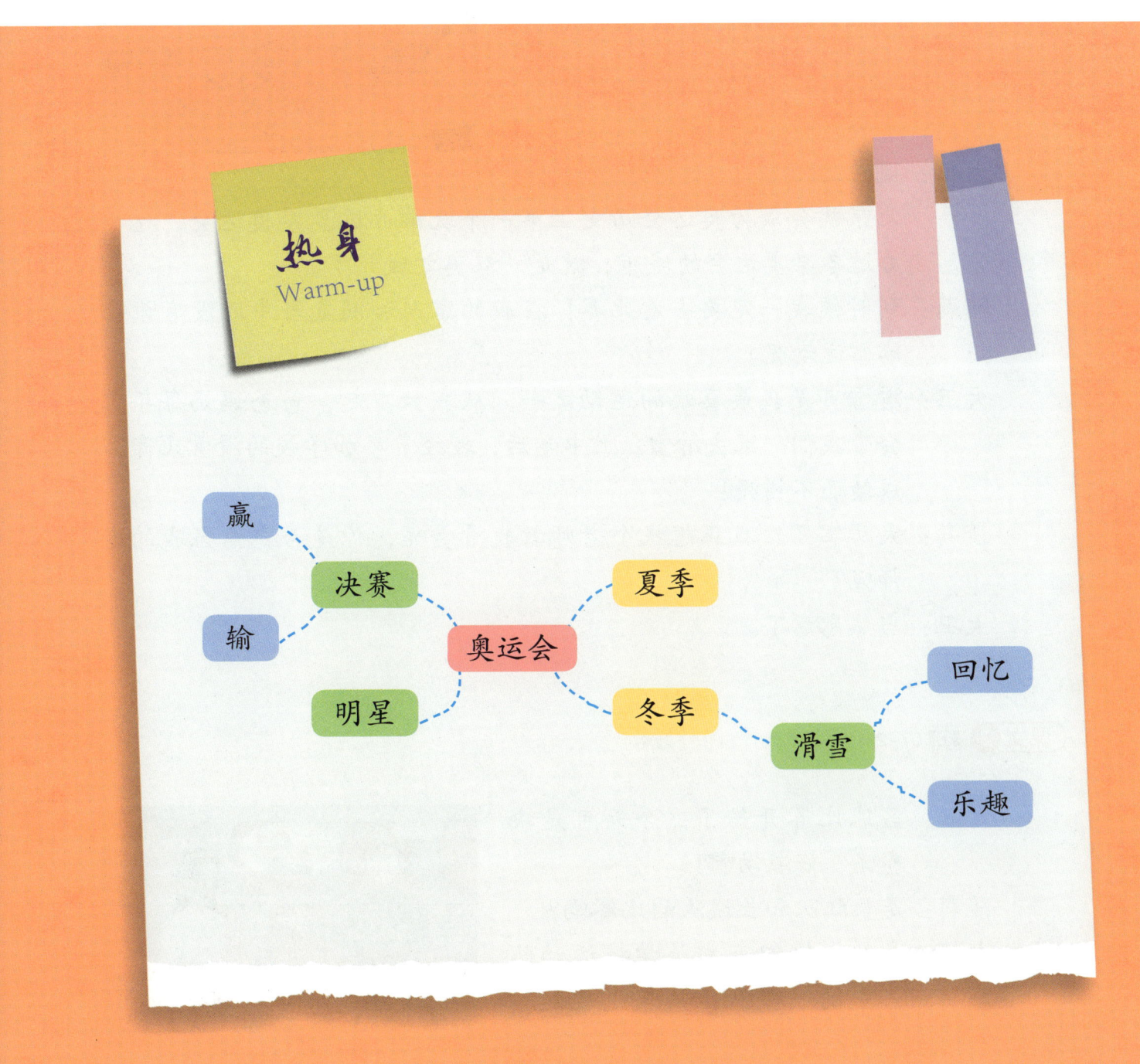

课文 Text

课文 1 07-1

大卫：莎莉，你知道在世界上的所有城市当中，哪座城市是既举办夏季奥运会又举办冬季奥运会的城市吗？

莎莉：有吗？我还真不知道呢。

大卫：现在还没有。不过等到2022年，北京就会成为奥运会历史上第一个既举办过夏季奥运会，也举办过冬季奥运会的城市，就是"双奥之城"了。

莎莉：到时候我一定要去看比赛！在我的家人和朋友当中还没有谁会冰雪运动呢。

大卫：滑雪可是我最喜欢的运动之一。从我六岁起，爸爸妈妈每年都会带我们一家去滑雪。上中学后，我经常参加学校的滑雪比赛，成绩还不错呢！

莎莉：太厉害了！我正想找个老师教我滑雪呢，你是否愿意当我的老师呢？

大卫：当然愿意了。

课文 2 07-2

大卫：篮球比赛开始了，今天可是决赛呢，好激动啊！

莎莉：是长江队和长城队的比赛吗？

大卫：是的，他们可都是学校运动队当中的明星队，从我进校起，

我是个体育爱好者
I am a sports enthusiast

每年都会看他们的比赛。去年长城队赢了长江队。

莎莉：看现在的分数，长江队已经远远超过了长城队，我觉得他们今年很有可能是第一。

大卫：那可不一定，不到最后一秒，谁都不敢保证结果。

莎莉：也是，经常有最后一秒改变结果的情况。看比赛的乐趣正是在这儿。

大卫：快看，这一小会儿时间，长城队分数快赶上来了。

莎莉：太精彩了！我太喜欢长城队了，我要去报名参加他们的女子队。

课文 3 07-3

说起我的爱好，体育运动当然是我最喜欢的。滑雪就是我最喜欢的运动之一。以前在英国时，我每年都会参加学校的滑雪比赛，还取得了不错的成绩。现在我还常常回忆父亲、母亲带着我们全家去滑雪的日子。等  2022年北京冬季奥运会时，我也要去看看那些高水平运动员的比赛。

除了滑雪，我还喜欢打篮球。昨天，我和莎莉去看了学校的篮球决赛。这次参加决赛的是学校的明星队——长江队和长城队。前十分钟，他们的分数难分上下，但是很快长江队就远远超过了长城队。没想到，比赛快结束的时候，两队的分数又差不多了。也许这就是看体育比赛的乐趣吧——不到最后一刻，没人知道谁会赢。

课文拼音 Texts in Pinyin

课文 1

Dàwèi: Shālì, nǐ zhīdào zài shìjiè shang de suǒyǒu chéngshì dāngzhōng, nǎ zuò chéngshì shì jì jǔbàn xiàjì Àoyùnhuì yòu jǔbàn dōngjì Àoyùnhuì de chéngshì ma?

Shālì: Yǒu ma? Wǒ hái zhēn bù zhīdào ne.

Dàwèi: Xiànzài hái méiyǒu. Búguò děng dào 2022 nián, Běijīng jiù huì chéngwéi Àoyùnhuì lìshǐ shang dì-yī gè jì jǔbànguò xiàjì Àoyùnhuì, yě jǔbànguò dōngjì Àoyùnhuì de chéngshì, jiùshì "shuāng ào zhī chéng" le.

Shālì: Dào shíhou wǒ yídìng yào qù kàn bǐsài! Zài wǒ de jiārén hé péngyou dāngzhōng hái méiyǒu shéi huì bīngxuě yùndòng ne.

Dàwèi: Huáxuě kěshì wǒ zuì xǐhuan de yùndòng zhī yī. Cóng wǒ liù suì qǐ, bàba māma měi nián dōu huì dài wǒmen yìjiā qù huáxuě. Shàng zhōngxué hòu, wǒ jīngcháng cānjiā xuéxiào de huáxuě bǐsài, chéngjì hái búcuò ne!

Shālì: Tài lìhai le! Wǒ zhèng xiǎng zhǎo gè lǎoshī jiāo wǒ huáxuě ne, nǐ shìfǒu yuànyì dāng wǒ de lǎoshī ne?

Dàwèi: Dāngrán yuànyì le.

课文 2

Dàwèi: Lánqiú bǐsài kāishǐ le, jīntiān kěshì juésài ne, hǎo jīdòng a!

Shālì: Shì Chángjiāngduì hé Chángchéngduì de bǐsài ma?

Dàwèi: Shì de, tāmen kě dōu shì xuéxiào yùndòngduì dāngzhōng de míngxīngduì, cóng wǒ jìn xiào qǐ, měi nián dōu huì kàn tāmen de bǐsài. Qùnián Chángchéngduì yíngle Chángjiāngduì.

Shālì: Kàn xiànzài de fēnshù, Chángjiāngduì yǐjīng yuǎnyuǎn chāoguòle Chángchéngduì, wǒ juéde tāmen jīnnián hěn yǒu kěnéng shì dì-yī.

Dàwèi: Nà kě bù yídìng, bú dào zuìhòu yì miǎo, shéi dōu bùgǎn bǎozhèng jiéguǒ.

Shālì: Yě shì, jīngcháng yǒu zuìhòu yì miǎo gǎibiàn jiéguǒ de qíngkuàng. Kàn bǐsài de lèqù zhèngshì zài zhèr.

Dàwèi: Kuài kàn, zhè yì xiǎo huìr shíjiān, Chángchéngduì fēnshù kuài gǎnshànglái le.

Shālì: Tài jīngcǎi le! Wǒ tài xǐhuan Chángchéngduì le, wǒ yào qù bàomíng cānjiā tāmen de nǚzǐduì.

课文 3

Shuōqǐ wǒ de àihào, tǐyù yùndòng dāngrán shì wǒ zuì xǐhuan de. Huáxuě jiùshì wǒ zuì xǐhuan de yùndòng zhī yī. Yǐqián zài Yīngguó shí, wǒ měi nián dōu huì cānjiā xuéxiào de huáxuě bǐsài, hái qǔdéle búcuò de chéngjì. Xiànzài wǒ hái chángcháng huíyì fùqīn, mǔqīn dàizhe wǒmen quánjiā qù huáxuě de rìzi. Děng 2022 nián Běijīng dōngjì Àoyùnhuì shí, wǒ yě yào qù kànkan nàxiē gāo shuǐpíng yùndòngyuán de bǐsài.

我是个体育爱好者
I am a sports enthusiast 7

Chúle huáxuě, wǒ hái xǐhuan dǎ lánqiú. Zuótiān, wǒ hé Shālì qù kànle xuéxiào de lánqiú juésài. Zhè cì cānjiā juésài de shì xuéxiào de míngxīngduì—Chángjiāngduì hé Chángchéngduì. Qián shí fēnzhōng, tāmen de fēnshù nán fēn shàngxià, dànshì hěn kuài Chángjiāngduì jiù yuǎnyuǎn chāoguòle Chángchéngduì. Méi xiǎngdào, bǐsài kuài jiéshù de shíhou, liǎng duì de fēnshù yòu chàbuduō le. Yěxǔ zhè jiùshì kàn tǐyù bǐsài de lèqù ba—bú dào zuìhòu yíkè, méi rén zhīdào shéi huì yíng.

生词 New Words

*夏季	xiàjì	n.	summer, summertime
*冬季	dōngjì	n.	winter, wintertime
*滑雪	huáxuě	v.	to ski; skiing
*中学	zhōngxué	n.	middle school
*决赛	juésài	n.	(*of sports, competitions*) final
赢	yíng	v.	to win
秒	miǎo	m.	second (*a unit of time*)
*乐趣	lèqù	n.	delight, joy, pleasure
*分数	fēnshù	n.	score, mark, point
回忆	huíyì	v.	to recall, to remember
父亲	fùqīn	n.	father
也许	yěxǔ	adv.	maybe, perhaps

专有名词 Proper Nouns

*奥运会	Àoyùnhuì	Olympic Games, Olympics
长江	Chángjiāng	Yangtze River, the longest river in China

语法点 Language Points

1 "当中":方位词,指范围,表示在周围的界限之内。相当于"中间""之内"。例如:

"当中" is a locative noun which indicates the range, showing that something is within a proximity. It is the equivalent of "中间" or "之内". For example:

他是所有教师当中最年轻的一位。

在我们的生活当中,经常会有这样的事情发生。

在刚才的聊天当中,我了解到他以前是一名军人。

2 "从……起":从,介词,表示起点,可以指时间、处所、范围,相当于"从……开始"。例如:

"从" is a preposition which indicates the starting point. It may refer to time, location or range. The structure "从……起" is the equivalent of "从……开始". For example:

从去年三月起,他就每天坚持锻炼一小时。

从第三排起,各排向后退五步。

从入学起,我就是自己去学校,从来没有人接送。

3 "正":副词,加强肯定的语气。例如:

"正" is an adverb used to strengthen the affirmative tone. For example:

问题和你想的正相反。

正是为了你,我才这样做的。

正如上文所说,科学技术在现代社会起着越来越重要的作用。

练习 Drills

听力练习 Listening Drills

1 听课文,回答问题。 07-4

Listen to the texts and answer the questions.

(1) Děngdào nián, nǎ zuò chéngshì jiāng chéngwéi "shuāng ào zhī chéng"?
    等到 2022 年,哪座城市 将 成为 "双 奥之 城"?

(2) Dàwèi xǐhuan shénme yùndòng?
    大卫喜欢什么 运动?

　　　　　　Shālì　xiǎng ràng Dàwèi zuò shénme?
（3）莎莉 想 让 大卫 做 什 么 ?
　　　　　　Xuéxiào yùndòng duì　dāngzhōng de míngxīng duì de míngzi shì shénme?
（4）学 校 运动队 当 中 的 明 星队的 名字 是什 么 ?
　　　　　　Kàn bǐsài de　lèqù　shì shénme?
（5）看 比赛 的 乐趣 是什 么 ?
　　　　　　Bǐsài　qián shí fēnzhōng,　liǎng duì de fēnshù shì zěnyàng de?　Bǐsài kuài jiéshù shí ne?
（6）比 赛 前 十 分 钟,　两 队 的 分数 是 怎样 的 ? 比赛 快 结束 时呢?

2 听句子，判断对错。 🎧 07-5

Listen to the following sentences and tell whether they are true or false.

（1）大卫喜欢冬季。　　　　　　　　　　　　　　　　　（　）

（2）现在父亲的乒乓球打得比我好。　　　　　　　　　　（　）

（3）篮球比赛的结果常常让人想不到。　　　　　　　　　（　）

（4）大卫以前的最好成绩是八秒。　　　　　　　　　　　（　）

（5）两个运动队的水平差不多。　　　　　　　　　　　　（　）

（6）小学时我经常和朋友去海边玩。　　　　　　　　　　（　）

3 听录音，选择正确答案。 🎧 07-6

Listen to the recordings and choose the correct answers.

（1）A.德国　　　　　　　　　　B.法国

　　　C.美国　　　　　　　　　　D.澳大利亚

（2）A.以前经常生病　　　　　　B.现在每天锻炼

　　　C.现在身体健康　　　　　　D.换了新的工作

（3）A.不敢参加比赛　　　　　　B.同意参加比赛

　　　C.害怕输了比赛　　　　　　D.她不会打网球

（4）A.高山滑雪有危险　　　　　B.昨晚的比赛很精彩

　　　C.运动员长得帅　　　　　　D.男的喜欢开玩笑

（5）A.父亲是篮球明星　　　　　B.喜欢看篮球比赛

　　　C.父亲篮球打得很好　　　　D.父亲的篮球队总赢

（6）A.她想学一些简单的运动　　B.她想参加比赛

　　　C.她想当运动员　　　　　　D.男的适合当老师

口语练习 Speaking Drills

4 听后复述，并模仿造句。 🎧 07-7

Listen and retell. Imitate the structures to build new sentences.

（1）_____

（2）_____

（3）_____

（4）_____

（5）_____

（6）_____

5 看图说话。

Look and say.

（1） 超过　　　（2） 激动

（3）
赢

（4） 乐趣

（5）
运动

（6）
夏季奥运会

6 回答问题。
Answer the questions.

(1) Nǐ zuì xǐhuan shénme tǐyù yùndòng?
　　你最喜欢什么体育运动？

(2) Nǐ rènwéi yùndòng duì jiànkāng de hǎochù yǒu nǎxiē?
　　你认为运动对健康的好处有哪些？

(3) Qǐng jièshào yí xiàng zài nǐmen guójiā zuì shòu huānyíng de tǐyù yùndòng.
　　请介绍一项在你们国家最受欢迎的体育运动。

(4) Chúle yùndòng, nǐ hái yǒu shénme àihào?
　　除了运动，你还有什么爱好？

(5) Qǐng jièshào yí gè nǐ zhīdào de Àoyùnhuì bǐsài xiàngmù.
　　请介绍一个你知道的奥运会比赛项目。

(6) Qǐng jièshào yí cì nǐ de bǐsài jīnglì.
　　请介绍一次你的比赛经历。

Lesson Eight

8 互联网使我们的生活更方便
Hùliánwǎng shǐ wǒmen de shēnghuó gèng fāngbiàn

The Internet has made our lives easier

热身 Warm-up

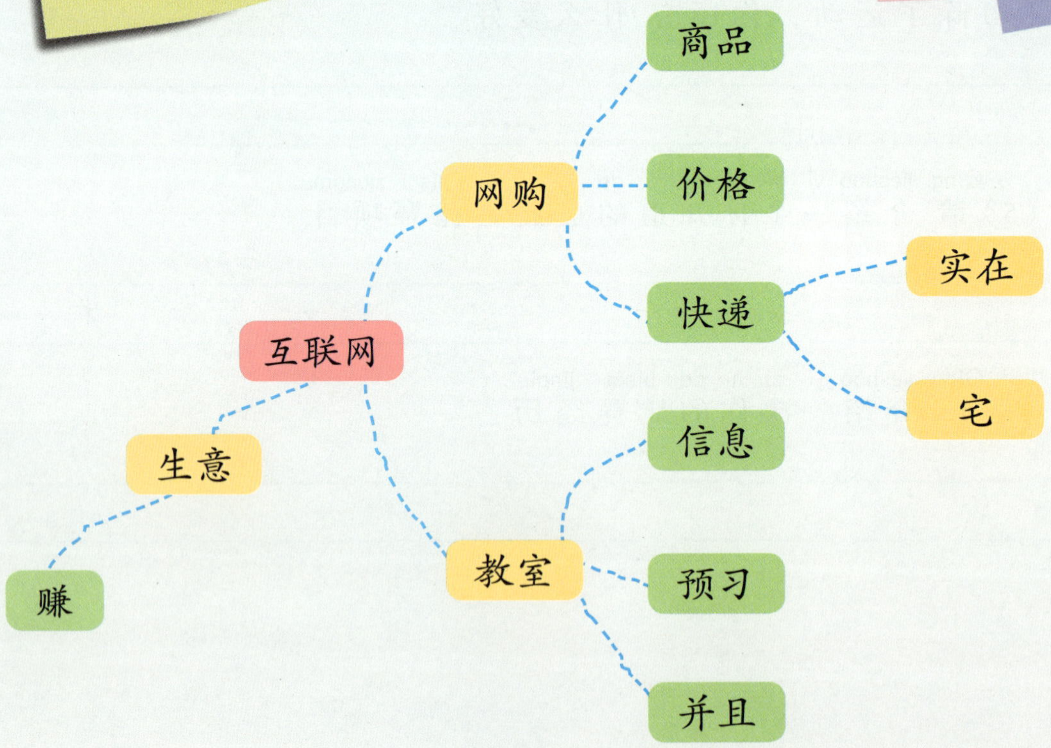

- 互联网
  - 网购
    - 商品
    - 价格
    - 快递
      - 实在
      - 宅
  - 教室
    - 信息
    - 预习
    - 并且
  - 生意
    - 赚

互联网使我们的生活更方便
The Internet has made our lives easier 8

课文 Text

课文 1 08-1

莎莉：今天是中国的网上购物节，从零点开始，几乎所有的商店都打折，尤其是前两个小时，活动更多。老师今天有什么要买的吗？

王老师：当然有啊。看样子你对网上购物很熟悉呀，你经常在网上购物吗？

莎莉：当然了，网购现在已经成为年轻人的主要购物方式。网店不仅商品丰富，而且价格实在，最大的好处是商品直接寄到家里，既省钱又省力气。

王老师：中国的网购最让你满意的是什么？

莎莉：在中国，吃的、穿的、住的、用的，几乎都可以网购，并且中国的快递实在是太快了。如果送到城市，最快的甚至只需要一天；就连一些交通不那么方便的农村，也是一周之内就能送到。对于我这个不爱逛商店的"懒人"来说，真是太幸福了。

王老师：是啊，随着科学技术的发展，互联网会越来越多地改变我们的生活。别说下个世纪，也许十年后的变化我们都不敢想。

课文 2 08-2

大卫：莎莉，明天上课要讨论的内容你准备好了吗？

莎莉：还没呢。看样子你已经准备好了啊？

大卫：是的。咱们学校图书馆的网站上有一个特别好的网上教室，那里有很多优秀老师的课，讲得十分精彩。我建议你去听听，也许你可以从中获得一些信息。

莎莉：真的吗？可以在网上听课？

大卫：当然。别说听课，连交作业、讨论、预习都可以在网上完成。

莎莉：竟然还有这样的好事，那我可得多用用，否则就太可惜了。

大卫：大概用不了多久，我们大部分的课都会在网上出现的。

莎莉：要是学校把所有的课全部搬到网上，那我可要成为一个真正的"宅女"了。

课文 3 08-3

随着科学技术的发展，互联网越来越多地走进人们的生活，并且改变着人们的生活习惯。网上购物已经成为中国年轻人最流行的购物方式。丰富的商品、实在的价格、送货上门的服务、无现金的付款方式……这些优点吸引着越来越多的人，就连像我这样的"老外"也喜欢上了网购。

有的朋友不仅支持网上购物，甚至还在网上开商店做起了生意，既为大家提供了方便，自己又能赚钱。值得一提的是，现在我们的很多课也都可以在网上学习了，真是太开心了。

课文拼音 Texts in Pinyin

课文 1　　Shālì: Jīntiān shì Zhōngguó de wǎng shang gòuwùjié, cóng líng diǎn kāishǐ, jīhū suǒyǒu de shāngdiàn dōu dǎzhé, yóuqí shì qián liǎng gè xiǎoshí, huódòng gèngduō. Lǎoshī jīntiān yǒu shénme yào mǎi de ma?

Wáng lǎoshī: Dāngrán yǒu a. Kànyàngzi nǐ duì wǎng shang gòuwù hěn shúxi ya, nǐ jīngcháng zài wǎng shang gòuwù ma?

Shālì: Dāngrán le, wǎnggòu xiànzài yǐjīng chéngwéi niánqīngrén de zhǔyào gòuwù fāngshì. Wǎngdiàn bùjǐn shāngpǐn fēngfù, érqiě jiàgé shízài, zuì dà de hǎochù shì shāngpǐn zhíjiē jìdào jiā li, jì shěng qián yòu shěng lìqi.

Wáng lǎoshī: Zhōngguó de wǎnggòu zuì ràng nǐ mǎnyì de shì shénme?

Shālì: Zài Zhōngguó, chī de, chuān de, zhù de, yòng de, jīhū dōu kěyǐ wǎnggòu, bìngqiě Zhōngguó de kuàidì shízài shì tài kuài le. Rúguǒ sòngdào chéngshì, zuì kuài de shènzhì zhǐ xūyào yì tiān; jiù lián yìxiē jiāotōng bú nàme fāngbiàn de nóngcūn, yě shì yì zhōu zhī nèi jiù néng sòngdào. Duìyú wǒ zhège bú ài guàng shāngdiàn de "lǎn rén" lái shuō, zhēn shì tài xìngfú le.

Wáng lǎoshī: Shì a, suízhe kēxué jìshù de fāzhǎn, hùliánwǎng huì yuè lái yuè duō de gǎibiàn wǒmen de shēnghuó. Biéshuō xià gè shìjì, yěxǔ shí nián hòu de biànhuà wǒmen dōu bùgǎn xiǎng.

课文 2

Dàwèi: Shālì, míngtiān shàngkè yào tǎolùn de nèiróng nǐ zhǔnbèi hǎo le ma?

Shālì: Hái méi ne. Kàn yàngzi nǐ yǐjīng zhǔnbèi hǎo le a?

Dàwèi: Shì de. Zánmen xuéxiào túshūguǎn de wǎngzhàn shang yǒu yí gè tèbié hǎo de wǎng shang jiàoshì, nàli yǒu hěn duō yōuxiù lǎoshī de kè, jiǎng de shífēn jīngcǎi. Wǒ jiànyì nǐ qù tīngting, yěxǔ nǐ kěyǐ cóng zhōng huòdé yìxiē xìnxī.

Shālì: Zhēn de ma? Kěyǐ zài wǎng shang tīng kè?

Dàwèi: Dāngrán. Biéshuō tīng kè, lián jiāo zuòyè, tǎolùn, yùxí dōu kěyǐ zài wǎng shang wánchéng.

Shālì: Jìngrán hái yǒu zhèyàng de hǎoshì, nà wǒ kě děi duō yòngyong, fǒuzé jiù tài kěxī le.

Dàwèi: Dàgài yòng bù liǎo duōjiǔ, wǒmen dà bùfen de kè dōu huì zài wǎng shang chūxiàn de.

Shālì: Yàoshì xuéxiào bǎ suǒyǒu de kè quánbù bāndào wǎng shang, nà wǒ kě yào chéngwéi yí gè zhēnzhèng de "zháinǚ" le.

课文 3

Suízhe kēxué jìshù de fāzhǎn, hùliánwǎng yuè lái yuè duō de zǒujìn rénmen de shēnghuó, bìngqiě gǎibiànzhe rénmen de shēnghuó xíguàn. Wǎng shang gòuwù yǐjīng chéngwéi Zhōngguó niánqīngrén zuì liúxíng de gòuwù fāngshì. Fēngfù de shāngpǐn, shízài de jiàgé, sòng huò shàngmén de fúwù, wú xiànjīn de fùkuǎn fāngshì… zhèxiē yōudiǎn xīyǐnzhe yuè lái yuè duō de rén, jiù lián xiàng wǒ zhèyàng de "lǎo wài" yě xǐhuan shàng le wǎnggòu.

HSK 标准会话教程4（下）
Standard Conversational Course 4 (B)

Yǒude péngyou bùjǐn zhīchí wǎng shang gòuwù, shènzhì hái zài wǎng shang kāi shāngdiàn zuòqǐle shēngyì, jì wèi dàjiā tígōngle fāngbiàn, zìjǐ yòu néng zhuànqián. Zhídé yì tí de shì, xiànzài wǒmen de hěn duō kè yě dōu kěyǐ zài wǎng shang xuéxí le, zhēnshì tài kāixīn le.

生词 New Words

*网购	wǎnggòu		online shopping
力气	lìqi	n.	effort, physical strength
*快递	kuàidì	n.	express delivery, courier
对于	duìyú	prep.	for, to, with regard to, of
世纪	shìjì	n.	century
信息	xìnxī	n.	news, information
交（作业）	jiāo	v.	to hand in (homework)
预习	yùxí	v.	to prepare lessons before class
真正	zhēnzhèng	adj.	true, real
*宅	zhái	adj.	indoorsy (used to describe sb. who likes to stay at home)
并且	bìngqiě	conj.	and, also, furthermore
无	wú	v.	not to have, to be without
赚	zhuàn	v.	to earn

语法点 Language Points

1 "看样子"：插入语，表示根据经验或已知情况做出大概的推断和估计，相当于"看来""看起来"。可以放在句首或句中。例如：

"看样子" is a parenthesis inserted in speech when inferring or reckoning something based on experience or on a known situation; it's the equivalent of "看来" and "看起来". It can be used at the beginning or in the middle of a sentence. For example:

看样子他的身体已经完全好了。
她看样子是个性格活泼的孩子。
他已经把自己的房间收拾好了，看样子，他准备回国了。

互联网使我们的生活更方便
The Internet has made our lives easier

2 "并且"：连词，用在复句后一个分句里，表示更进一层的意思。有时后边跟着副词"也""还"。多用于书面语。例如：

"并且" is a conjunction used in the succeeding clause of a complex sentence to indicate going a level further. It is sometimes followed by the adverb "也" or "还". It's more commonly used in writing. For example:

健身一定要制定计划，并且坚持下来。

起风了，并且天也暗下来了。

这种植物我们家乡也有，并且还很多。

3 "连……也/都……"：固定格式，可表示比较、让步或递进的关系。表示强调。"连"后面多为名词性成分，"也"后面多为谓词性成分。例如：

"连……也 / 都……" is a fixed structure which expresses a comparison, a concession or an advancement in an emphasized manner. "连" is mostly followed by noun components and "也" by predicate components. For example:

他病了，连床也起不来，当然就不能去上课了。

这个问题很简单，连小学生也知道答案，更别说大学生了。

风太大了，连树都吹断了，人还是别出门了。

4 "别说"：连词，用于表示让步的复句。通过降低对某人、某事物的评价，借以突出另外的人或事物，用于前一小句。有时后一小句中用"即使（就是）……也……"或"连……也……"。也说"别说是"。例如：

"别说" is a conjunction used in complex sentences expressing a concession. By lowering the appraisal towards someone or something, someone or something else is given prominence. It is used in the preceding clause and accompanied in the succeeding clause by the structure "即使 (就是)……也……" or "连……也……". "别说是" may be used as well. For example:

这么难的题，别说小学生不会做，就是中学生也不一定会做。

别说这么点儿小事，即使再大的困难，我们也能解决。

动物园里的熊猫，别说小孩了，就连大人也爱看。

5 "也许"：副词，表示猜测或不很肯定。放于主语前。例如：

"也许" is an adverb which indicates a guess or an uncertainty. It is used before the subject. For example:

也许他早把大家给忘了。

HSK 标准会话教程4（下）
Standard Conversational Course 4 (B)

也许我的同屋今天不会回来了。

我离开家乡几十年了，也许都认不出家乡的样子了。

练习 Drills

听力练习 Listening Drills

1 听课文，回答问题。 🎧 08-4

Listen to the texts and answer the questions.

（1）中国的网上购物节什么时间活动会更多？
Zhōngguó de wǎng shang gòuwùjié shénme shíjiān huódòng huì gèng duō?

（2）为什么网购成了年轻人的主要购物方式？
Wèi shénme wǎnggòu chéngle niánqīngrén de zhǔyào gòuwù fāngshì?

（3）在中国，网购最让莎莉满意的是什么？
Zài Zhōngguó, wǎnggòu zuì ràng Shālì mǎnyì de shì shénme?

（4）在中国的城市和农村，快递的速度是怎样的？
Zài Zhōngguó de chéngshì hé nóngcūn, kuàidì de sùdù shì zěnyàng de?

（5）大卫给了莎莉什么建议？
Dàwèi gěile Shālì shénme jiànyì?

（6）除了听课，还可以在网上完成什么？
Chúle tīngkè, hái kěyǐ zài wǎng shang wánchéng shénme?

2 听句子，判断对错。 🎧 08-5

Listen to the following sentences and tell whether they are true or false.

（1）网购可以选择用现金付款。　　　　　　　　　　　　　（　　）

（2）在商场购物后，可以请快递员把商场的商品送到家。（　　）

（3）学生可以在图书馆的网上教室考试。　　　　　　　　（　　）

（4）如果不喜欢衣服的颜色，可以申请退货。　　　　　　（　　）

（5）互联网使人们的联系更方便了。　　　　　　　　　　（　　）

（6）我看到自己喜欢的商品会马上付款。　　　　　　　　（　　）

72

互联网使我们的生活更方便 **8**
The Internet has made our lives easier

3 听录音，选择正确答案。 🎧 08-6
Listen to the recordings and choose the correct answers.

（1）A.明天不去上课了　　　　B.今天是购物节
　　C.要抢打折商品　　　　　D.活动到零点结束

（2）A.网上的东西都很便宜　　B.网购不用担心质量问题
　　C.网上购物时要多比较　　D.网上购物可以随便退货

（3）A.网店的东西不便宜　　　B.去手机商店买更放心
　　C.去商店买手机更方便　　D.网店的手机质量更好

（4）A.老师没有留作业　　　　B.作业要在网上完成
　　C.男的没来上课　　　　　D.男的已经完成作业了

（5）A.教室　　　　　　　　　B.网上教室
　　C.图书馆　　　　　　　　D.家里

（6）A.网上买的商品不能退货　B.卖家同意才能退货
　　C.无条件退货让人更放心　D.退货也会造成浪费

口语练习 Speaking Drills

4 听后复述，并模仿造句。 🎧 08-7
Listen and retell. Imitate the structures to build new sentences.

（1）_____
（2）_____
（3）_____
（4）_____
（5）_____
（6）_____

5 看图说话。
Look and say.

（1）
打折

（2）
力气

（3）
上网课

（4）
信息

（5）
实在

（6）
宅

6 回答问题。
Answer the questions.

（1）你喜欢网购还是去商场购物？为什么？

（2）你平时会在网上学习吗？

互联网使我们的生活更方便

The Internet has made our lives easier

(3)你经常在网上买什么?
Nǐ jīngcháng zài wǎng shang mǎi shénme?

_____

_____

(4)你认为无条件退货好不好?
Nǐ rènwéi wútiáojiàn tuìhuò hǎo bù hǎo?

_____

_____

(5)你觉得十年后的生活会有什么变化?
Nǐ juéde shí nián hòu de shēnghuó huì yǒu shénme biànhuà?

_____

_____

(6)你是一个喜欢宅在家里的人吗?为什么?
Nǐ shì yí gè xǐhuan zhái zài jiāli de rén ma? Wèi shénme?

_____

_____

9 Lesson Nine

Tóng yí gè shìjiè　tóng yí piàn lántiān
同一个世界　同一片蓝天
One world, one sky

热身 Warm-up

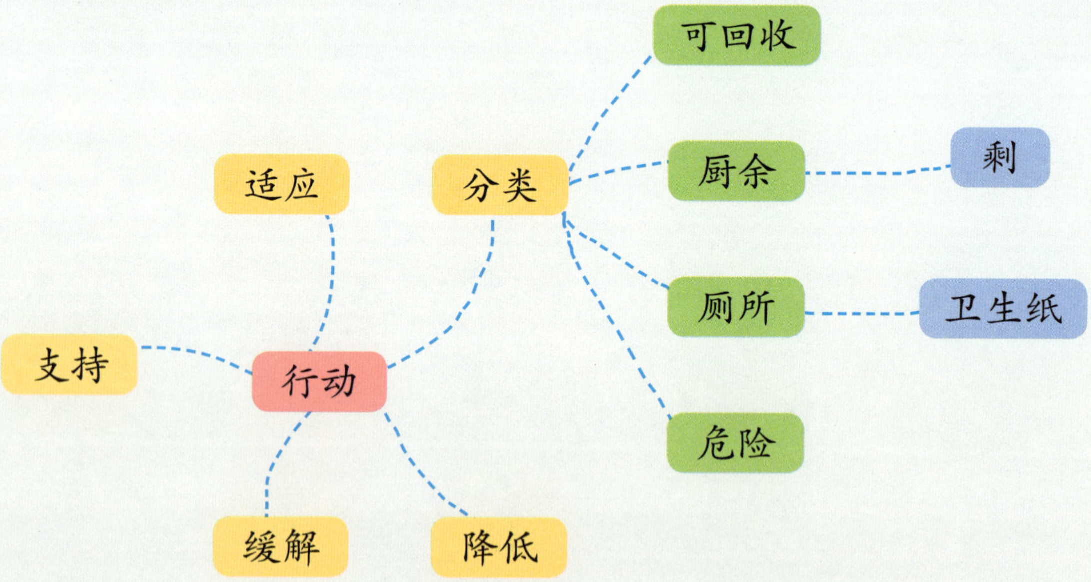

- 可回收
- 厨余 — 剩
- 厕所 — 卫生纸
- 危险
- 分类
- 适应
- 支持
- 行动
- 缓解
- 降低

同一个世界 同一片蓝天
One world, one sky

课文 Text

课文 1 09-1

大卫：你看最近的新闻了吗？马上要开始用新的垃圾分类标准了。

莎莉：标准有什么变化？是比以前分得更细了吗？

大卫：是的。以后要分成四种垃圾了。不同的垃圾用不同颜色的垃圾桶。绿色的垃圾桶仍然放剩饭、剩菜等"厨余垃圾"，蓝色的垃圾桶放书、报纸、矿泉水瓶等"可回收垃圾"，厕所里的卫生纸、塑料袋等放在白色的垃圾桶里，会产生污染或危险的垃圾放在红色垃圾桶里。

莎莉：这多麻烦啊，要是弄不清楚应该把什么垃圾放在什么桶里怎么办？

大卫：麻烦肯定是要麻烦点儿。刚开始的时候，可以把各种垃圾的分类图放在垃圾桶旁边，慢慢就知道怎么放了。保护环境是我们每一个人的责任，为了降低污染带来的影响，我们要努力适应新的规定。

课文 2 09-2

尼克：大卫，这个周末郊区有一场自行车比赛，我们几个朋友都去，你去吗？

大卫：多好的活动啊，我当然去！我最近正好想锻炼锻炼，骑自行车可以出出汗，还能帮助我减肥。

尼克：不仅是锻炼身体，我们也是在用实际行动支持环境保护。你看现在空气污染这么严重，地球已经出现了不少问题。如果我们平时少开车，多骑自行车，就可以更好地保护环境。

大卫：这么说的话，那就更值得参加了。再说现在大城市里堵车堵得这么厉害，骑自行车还可以缓解城市的交通压力。

尼克：不过，要让人们完全不开车肯定是不可能的，但可以鼓励大家每周至少少开一天车，情况也好得多。

大卫：好肯定是会变好的，但只有大家共同努力，才能在短时间里见到效果。

课文 3 09-3

现在环境污染越来越严重。因此，环境保护问题也越来越引起人们的重视。在城市里，人们对垃圾进行分类，分出了可回收垃圾、厨余垃圾、有害垃圾和其他垃圾，这样能够方便回收，减少污染。

有些人鼓励大家使用绿色交通，出门少开车，多乘坐地铁、公共汽车，或者骑自行车。这样不仅能缓解城市的交通压力，还能减少环境污染。只要大家共同努力，就一定会让我们的世界变得更好！

课文拼音 Texts in Pinyin

课文 1　Dàwèi: Nǐ kàn zuìjìn de xīnwén le ma? Mǎshàng yào kāishǐ yòng xīn de lājī fēnlèi biāozhǔn le.
　　　　Shālì: Biāozhǔn yǒu shénme biànhuà? Shì bǐ yǐqián fēn de gèng xì le ma?

同一个世界 同一片蓝天
One world, one sky

Dàwèi: Shì de. Yǐhòu yào fēnchéng sì zhǒng lājī le. Bùtóng de lājī yòng bùtóng yánsè de lājī tǒng. Lǜsè de lājī tǒng réngrán fàng shèng fàn, shèng cài, děng "chúyú lājī", lánsè de lājī tǒng fàng shū, bàozhǐ, kuàngquánshuǐ píng děng "kěhuíshōu lājī", cèsuǒ li de wèishēngzhǐ, sùliàodài děng fàng zài báisè de lājī tǒng li, huì chǎnshēng wūrǎn huò wēixiǎn de lājī fàng zài hóngsè lājī tǒng li.

Shālì: Zhè duō máfan a, yàoshi nòng bù qīngchu yīnggāi bǎ shénme lājī fàng zài shénme tǒng li zěnme bàn?

Dàwèi: Máfan kěndìng shì yào máfan diǎnr. Gāng kāishǐ de shíhou, kěyǐ bǎ gè zhǒng lājī de fēnlèi tú fàng zài lājī tǒng pángbiān, mànmàn jiù zhīdào zěnme fàng le. Bǎohù huánjìng shì wǒmen měi yí gè rén de zérèn, wèile jiàngdī wūrǎn dàilái de yǐngxiǎng, wǒmen yào nǔlì shìyìng xīn de guīdìng.

课文 2

Níkè: Dàwèi, zhège zhōumò jiāoqū yǒu yì chǎng zìxíngchē bǐsài, wǒmen jǐ gè péngyou dōu qù, nǐ qù ma?

Dàwèi: Duō hǎo de huódòng a, wǒ dāngrán qù! Wǒ zuìjìn zhènghǎo xiǎng duànliàn duànliàn, qí zìxíngchē kěyǐ chūchu hàn, hái néng bāngzhù wǒ jiǎnféi.

Níkè: Bùjǐn shì duànliàn shēntǐ, wǒmen yě shì zài yòng shíjì xíngdòng zhīchí huánjìng bǎohù. Nǐ kàn xiànzài kōngqì wūrǎn zhème yánzhòng, dìqiú yǐjīng chūxiànle bùshǎo wèntí. Rúguǒ wǒmen píngshí shǎo kāichē, duō qí zìxíngchē, jiù kěyǐ gèng hǎo de bǎohù huánjìng.

Dàwèi: Zhème shuō de huà, nà jiù gèng zhídé cānjiā le. Zàishuō xiànzài dàchéngshì li dǔchē dǔ de zhème lìhai, qí zìxíngchē hái kěyǐ huǎnjiě chéngshì de jiāotōng yālì.

Níkè: Búguò, yào ràng rénmen wánquán bù kāichē kěndìng shì bù kěnéng de, dàn kěyǐ gǔlì dàjiā měi zhōu zhìshǎo shǎo kāi yì tiān chē, qíngkuàng yě hǎo de duō.

Dàwèi: Hǎo kěndìng shì huì biàn hǎo de, dàn zhǐyǒu dàjiā gòngtóng nǔlì, cái néng zài duǎn shíjiān li jiàndào xiàoguǒ.

课文 3

Xiànzài huánjìng wūrǎn yuè lái yuè yánzhòng. Yīncǐ, huánjìng bǎohù wèntí yě yuè lái yuè yǐnqǐ rénmen de zhòngshì. Zài chéngshì li, rénmen duì lājī jìnxíng fēnlèi, fēnchūle kěhuíshōu lājī, chúyú lājī, yǒuhài lājī hé qítā lājī, zhèyàng nénggòu fāngbiàn huíshōu, jiǎnshǎo wūrǎn.

Yǒuxiē rén gǔlì dàjiā shǐyòng lǜsè jiāotōng, chūmén shǎo kāichē, duō chéngzuò dìtiě, gōnggòng qìchē, huòzhe qí zìxíngchē. Zhèyàng bùjǐn néng huǎnjiě chéngshì de jiāotōng yālì, hái néng jiǎnshǎo huánjìng wūrǎn. Zhǐyào dàjiā gòngtóng nǔlì, jiù yídìng huì ràng wǒmen de shìjiè biàn de gèng hǎo!

生词 New Words

*分类	fēnlèi	v.	to classify, to sort
剩	shèng	v.	to be left over, to remain
*回收	huíshōu	v.	to recycle
厕所	cèsuǒ	n.	lavatory, toilet, WC (Water closet)
*卫生纸	wèishēngzhǐ	n.	toilet paper
降低	jiàngdī	v.	to lower, to reduce
适应	shìyìng	v.	to adapt, to get used to
*行动	xíngdòng	n.	action
*缓解	huǎnjiě	v.	to relieve
共同	gòngtóng	adj.	common, shared

语法点 Language Points

1 "多"：副词，表示程度很高。后面跟形容词或动词，句末常带语气词"啊"，含夸张语气和强烈的感情色彩。多用于感叹句中。例如：

"多" is an adverb which indicates a high degree. It is often followed by adjectives or verbs and by modal particles such as "啊" at the end of the sentence. It is mainly used in exclamative sentences to bring a note of exaggeration or emotional emphasis. For example:

多好的老师啊！

他要是知道了该多伤心啊！

这件事多说明问题呀！

2 "adj. / verb+肯定（是）+adj. / verb，但是……"：肯定，副词。前一小句表示让步，说话人承认某观点。"肯定（是）"的前后一般是相同的形容词或动词性结构，后一小句常用"就是""可是""但是""不过"等呼应。例如：

"肯定" is an adverb. The preceding clause indicates a concession wherein the speaker acknowledges a certain viewpoint. "肯定(是)" is both preceded and followed by the same adjective or verb structure, and connects with "就是""可是""但是""不过" in the succeeding clause. For example:

这个东西贵肯定（是）贵，但是质量好极了。
真皮沙发舒服肯定（是）舒服，不过需要经常保养。
这道菜好吃肯定（是）好吃，就是做法太复杂。

练习 Drills

听力练习 Listening Drills

1 听课文，回答问题。 09-4

Listen to the texts and answer the questions.

（1）根据新的垃圾分类标准，垃圾要怎么分类？
Gēnjù xīn de lājī fēnlèi biāozhǔn, lājī yào zěnme fēnlèi?

（2）蓝色的垃圾桶是放什么垃圾的？
Lánsè de lājī tǒng shì fàng shénme lājī de?

（3）如果弄不清楚应该把垃圾放在哪一个桶里怎么办？
Rúguǒ nòng bù qīngchu yīnggāi bǎ lājī fàng zài nǎ yí gè tǒng li zěnmebàn?

（4）我们为什么要努力适应新的规定？
Wǒmen wèi shénme yào nǔlì shìyìng xīn de guīdìng?

（5）骑自行车有哪些好处？
Qí zìxíngchē yǒu nǎxiē hǎochù?

（6）怎样可以缓解城市的交通压力呢？
Zěnyàng kěyǐ huǎnjiě chéngshì de jiāotōng yālì ne?

2 听句子，判断对错。 09-5

Listen to the following sentences and tell whether they are true or false.

（1）用过的水和垃圾都需要分类。　　　　　　　　　　（　　）

（2）以前塑料袋是免费的。　　　　　　　　　　　　　（　　）

（3）我打算以后每天锻炼身体。　　　　　　　　　　　（　　）

（4）太大的音乐声也是一种污染。　　　　　　　　　　（　　）

（5）骑自行车可以缓解交通压力。　　　　　　　　　　（　　）

（6）我通过走路来保护环境。　　　　　　　　　　　　（　　）

3 听录音，选择正确答案。 🎧 09-6

Listen to the recordings and choose the correct answers.

（1）A. 空气好　　　　　　　　B. 水干净
　　 C. 环境好　　　　　　　　D. 交通方便

（2）A. 坐公交车省钱　　　　　B. 骑车更快
　　 C. 骑车太累　　　　　　　D. 公交车更安全

（3）A. 坐公交车　　　　　　　B. 走路
　　 C. 坐地铁　　　　　　　　D. 骑自行车

（4）A. 把水瓶从蓝色桶里拿出来　B. 把塑料袋放进白色垃圾桶
　　 C. 把水瓶放进白色垃圾桶　　D. 了解之前的垃圾分类标准

（5）A. 车上人太多　　　　　　B. 不担心迟到
　　 C. 不想坐下一辆　　　　　D. 可以再等15分钟

（6）A. 银行　　　　　　　　　B. 超市
　　 C. 公交车上　　　　　　　D. 宾馆

口语练习 Speaking Drills

4 听后复述，并模仿造句。 🎧 09-7

Listen and retell. Imitate the structures to build new sentences.

（1）_____
（2）_____
（3）_____
（4）_____
（5）_____
（6）_____

5 看图说话。

Look and say.

（1）
分类

（2）
回收

（3）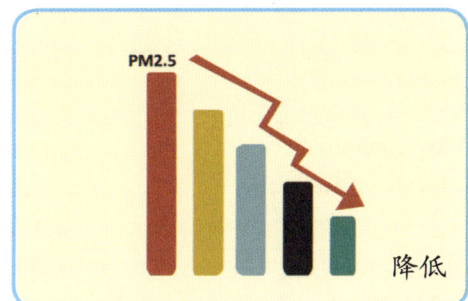
降低

（4）
减肥

（5）
支持

（6）
剩

6 回答问题。

Answer the questions.

（1）Nǐ rènwéi lājī fēnlèi yǒu shénme hǎochù?
你认为垃圾分类有什么好处？

（2）Nǐ shàngbān huò shàngxué shì kāichē háishi zuò dìtiě? Wèi shénme?
你上班或上学是开车还是坐地铁？为什么？

（3）请介绍一下你参加过的环保活动。

（4）你怎么锻炼身体？

（5）你们国家的垃圾分类和中国有什么不同？

（6）请比较一下骑自行车和开车的不同。

10 我爱生活 生活爱我
Wǒ ài shēnghuó shēnghuó ài wǒ

I love life and life loves me

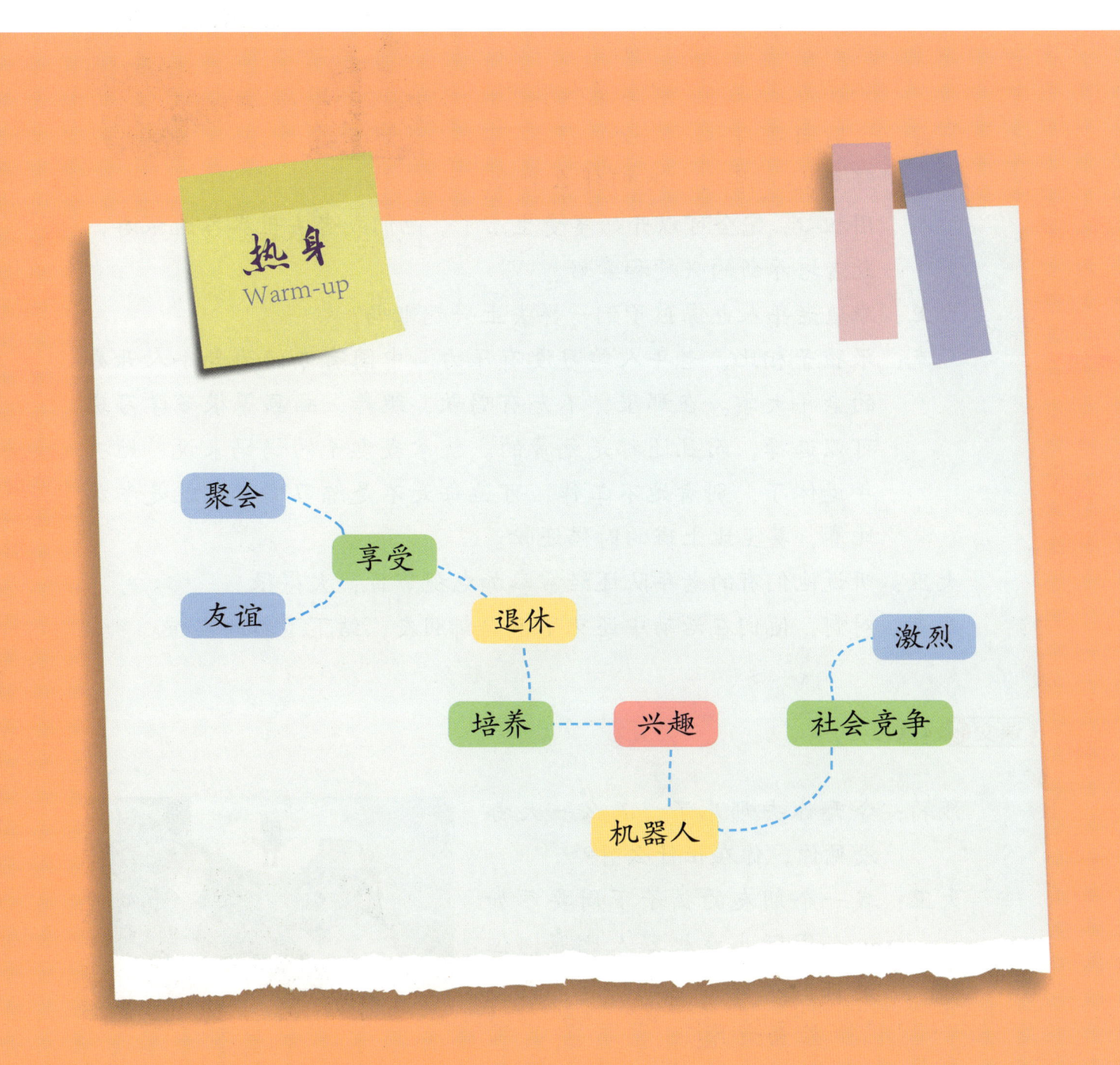

课文 Text

课文 1 ▶ 10-1

大卫：现在中国老年人生活得可幸福了，是吗？

尼克：是啊，在中国，人们通常到了60岁就退休了。对很多人来说，这时自己身体还很好，子女已经长大，因此，他们什么都不用担心，完全可以开始享受生活了。他们或者去世界各地旅游，或者培养新的兴趣和爱好。

大卫：难道老年人也像孩子们一样去上兴趣班吗？

尼克：跟孩子相比，老年人学习没有压力。中国有专门为老年人开办的老年大学。在那里，不光有唱歌、跳舞、画画等很多学习班可以选择，而且还都是免费的。就拿我妻子的妈妈来说，她去年退休了，别看她不工作，可她每天不是练习唱歌，就是参加比赛，甚至比上班的时候还忙。

大卫：听说他们有的老年队还经常参加电视节目，火得很。

尼克：对啊，他们在活动中还交了不少新朋友，结下了新的友谊。

课文 2 ▶ 10-2

莎莉：今天你去哪儿了，怎么一天都没见你，你在忙什么呀？

大卫：我一个朋友的孩子下周要参加一个国际儿童机器人比赛，但是机器人有点儿小问题，让我帮忙检查一下。

我爱生活 生活爱我 10
I love life and life loves me

莎莉：现在的小孩子这么厉害啊。不光会各种艺术，还懂机器人。

大卫：是啊。中国父母都很重视孩子的教育，不光让孩子在学校学习，还送孩子到课外兴趣班学习。或者让孩子学习艺术，或者让孩子学习体育，最近几年又开始流行让孩子学习科学。就拿朋友的这个孩子来说吧，别看现在才五年级，他懂的可多了。见到我后，不是讨论艺术，就是聊科学。我觉得在他面前，我好像什么都不懂。

莎莉：在这种环境下培养出来的孩子更能适应激烈的社会竞争。

课文 3 10-3

听说现在中国老年人的生活可丰富了。他们不少人每天不是唱歌跳舞，就是旅游、聚会，可幸福了。

比较而言，小孩子的生活就要紧张多了。除了在学校学习，家长们还让孩子们上各种各样的课外班。就拿我一个朋友的孩子来说吧，从六岁起就开始在课外班学习机器人课程，参加了不少比赛，还拿了很多奖。现在的孩子懂的知识很多，长大后应该更能适应激烈的竞争吧。

课文拼音 Texts in Pinyin

课文 1   Dàwèi: Xiànzài Zhōngguó lǎoniánrén shēnghuó de kě xìngfú le, shì ma?

Níkè: Shì a, zài Zhōngguó, rénmen tōngcháng dàole 60 suì jiù tuìxiū le. Duì hěn duō rén lái shuō, zhèshí zìjǐ shēntǐ hái hěn hǎo, zǐnǚ yǐjīng zhǎngdà, yīncǐ, tāmen shénme dōu búyòng dānxīn, wánquán kěyǐ kāishǐ xiǎngshòu shēnghuó le. Tāmen huòzhě qù shìjiè gè dì lǚyóu, huòzhě péiyǎng xīn de xìngqù hé àihào.

Dàwèi: Nándào lǎoniánrén yě xiàng háizimen yíyàng qù shàng xìngqùbān ma?

Níkè: Gēn háizi xiāngbǐ, lǎoniánrén xuéxí méiyǒu yālì. Zhōngguó yǒu zhuānmén wèi lǎoniánrén kāibàn de lǎonián dàxué. Zài nàli, bùguāng yǒu chànggē, tiàowǔ, huàhuà děng hěn duō xuéxíbān kěyǐ xuǎnzé, érqiě hái dōu shì miǎnfèi de. Jiù ná wǒ qīzi de māma lái shuō, tā qùnián tuìxiū le, biékàn tā bù gōngzuò, kě tā měi tiān búshì liànxí chànggē, jiùshì cānjiā bǐsài, shènzhì bǐ shàngbān de shíhou hái máng.

Dàwèi: Tīngshuō tāmen yǒude lǎonián duì hái jīngcháng cānjiā diànshì jiémù, huǒ de hěn.

Níkè: Duì a, tāmen zài huódòng zhōng hái jiāole bù shǎo xīn péngyou, jiéxiàle xīn de yǒuyì.

课文 2   Shālì: Jīntiān nǐ qù nǎr le, zěnme yì tiān dōu méi jiàn nǐ, nǐ zài máng shénme ya?

Dàwèi: Wǒ yí gè péngyou de háizi xià zhōu yào cānjiā yí gè guójì értóng jīqìrén bǐsài, dànshì jīqìrén yǒu diǎnr xiǎo wèntí, ràng wǒ bāngmáng jiǎnchá yíxià.

Shālì: Xiànzài de xiǎo háizi zhème lìhai a. Bùguāng huì gè zhǒng yìshù, hái dǒng jīqìrén.

Dàwèi: Shì a. Zhōngguó fùmǔ dōu hěn zhòngshì háizi de jiàoyù, bùguāng ràng háizi zài xuéxiào xuéxí, hái sòng háizi dào kèwài xìngqùbān xuéxí. Huòzhě ràng háizi xuéxí yìshù, huòzhě ràng háizi xuéxí tǐyù, zuìjìn jǐ nián yòu kāishǐ liúxíng ràng háizi xuéxí kēxué. Jiù ná péngyou de zhège háizi lái shuō ba, biékàn xiànzài cái wǔ niánjí, tā dǒng de kě duō le. Jiàndào wǒ hòu, búshì tǎolùn yìshù, jiùshì liáo kēxué. Wǒ juéde zài tā miànqián, wǒ hǎoxiàng shénme dōu bù dǒng.

Shālì: Zài zhè zhǒng huánjìng xià péiyǎng chūlái de háizi gèng néng shìyìng jīliè de shèhuì jìngzhēng.

课文 3   Tīngshuō xiànzài Zhōngguó lǎoniánrén de shēnghuó kě fēngfù le. Tāmen bù shǎo rén měi tiān búshì chànggē tiàowǔ, jiùshì lǚyóu, jùhuì, kě xìngfú le.

Bǐjiào ér yán, xiǎo háizi de shēnghuó jiù yào jǐnzhāng duō le. Chúle zài xuéxiào xuéxí, jiāzhǎngmen hái ràng háizimen shàng gèzhǒng-gèyàng de kèwàibān. Jiù ná wǒ yí gè péngyou de háizi lái shuō ba, cóng liù suì qǐ jiù kāishǐ zài kèwàibān xuéxí jīqìrén kèchéng, cānjiāle bù shǎo bǐsài, hái nále hěn duō jiǎng. Xiànzài de háizi dǒng de zhīshi hěn duō, zhǎngdà hòu yīnggāi gèng néng shìyìng jīliè de jìngzhēng ba.

生词 New Words

*退休	tuìxiū	v.	to retire
*培养	péiyǎng	v.	to foster, to nurture
*开办	kāibàn	v.	(*of an organization*) to open, to set up

续表

*大学	dàxué	n.	university, college
火	huǒ	adj.	popular, hot
友谊	yǒuyì	n.	friendship
国际	guójì	adj.	international
社会	shèhuì	n.	society
奖	jiǎng	n.	award, prize

语法点 Language Points

1 "或者……或者……"：连词，表示几种交替的情况，连接动词短语。例如：

"或者……或者……" is a structure formed by the multiple use of the conjunction "或者". It indicates several alternate situations and connects verb phrases. For example:

每天早晨都有很多人在公园锻炼，他们或者跑步，或者打拳，或者做操。

紧张的考试结束后，学生们或者外出旅游，或者在家看电视，都想放松放松。

在动物园的熊猫馆里，大熊猫们或者坐着，或者躺着，或者吃着竹子，真是太可爱了。

2 "不光……而且/还……"：连接两个并列的从句，表示除了所说的内容之外还有更多的内容。

"不光……而且/还……" connects two juxtaposed clauses to indicate that there is more besides what has been said. For example:

结婚以后，他不光学会了洗衣服、买菜，还学会了做饭。

我们爱他，不光因为他是一位老人，还因为他是一位保护动物的教授。

骑自行车不光能保护环境，还可以锻炼身体。

3 "别看"：习用语，提出一种情况，下文表示转折或相反的意思，常用"并""可"之类的词语表示强调。例如：

"别看" is an idiom used to bring forth a certain situation and then express the turning or opposite of that in the ensuing clause, wherein it is complemented by words like "并""可", etc. For example:

别看他头发白了不少，年纪并不大。

别看这种苹果个儿小，可甜了。

别看这两种火车样子差不多，速度可差远了。

4 "不是……就是……":表示选择的关联词,连接两个分句,表示列举两种情况都发生过。例如:

"不是……就是……" are connectors which express a choice. They connect two clauses and indicate that both situations that are enumerated took place. For example:

北京的冬天真冷,不是刮风就是下雪。

晚上,爸爸不是在看电视,就是在看书。

她最近太忙了,不是在给这个或那个打电话,就是在房间里写东西,一点休息时间都没有。

练习 Drills

听力练习 Listening Drills

1 听课文,回答问题。 010-4

Listen to the texts and answer the questions.

　　　　　Zài Zhōngguó, rénmen tōngcháng duōshao suì tuìxiū?
(1)在中国,人们通常多少岁退休?

　　　　　Zài lǎonián dàxué kěyǐ xuédào nǎxiē kèchéng?
(2)在老年大学可以学到哪些课程?

　　　　　Níkè qīzi de māma tuìxiū hòu wèi shénme bǐ shàngbān shí hái máng?
(3)尼克妻子的妈妈退休后为什么比上班时还忙?

　　　　　Dàwèi péngyou de háizi xià zhōu yào cānjiā shénme bǐsài?
(4)大卫朋友的孩子下周要参加什么比赛?

　　　　　Zhōngguó fùmǔ sòng háizi dào kèwài xìngqùbān xué shénme?
(5)中国父母送孩子到课外兴趣班学什么?

　　　　　Wèi shénme xiànzài de háizi yào shàng gèzhǒng-gèyàng de xìngqùbān
(6)为什么现在的孩子要上各种各样的兴趣班?

2 听句子,判断对错。 010-5

Listen to the following sentences and tell whether they are true or false.

(1)王老师因为年龄大了,所以头发白了不少。　　　　　(　　)

(2)老年大学没有考试,所以学生们学习不是很努力。　　(　　)

(3)奶奶退休后只有周末比较忙。　　　　　　　　　　　(　　)

(4)现在的小学生既懂文学,又懂科学。　　　　　　　　(　　)

(5)这些舞蹈队演员虽然都是老年人,但是跳舞跳得非常好。(　　)

(6)年轻人很会享受生活。　　　　　　　　　　　　　　(　　)

我爱生活 生活爱我 **10**
I love life and life loves me

3 听录音，选择正确答案。 🎧 010-6

Listen to the recordings and choose the correct answers.

（1）A. 女儿喜欢爬山　　　　B. 女儿不需要补课
　　C. 妻子没时间玩儿　　　D. 女儿的生活太紧张

（2）A. 出门自己开车　　　　B. 少使用塑料袋
　　C. 做好垃圾分类　　　　D. 保护下一代

（3）A. 不喜欢跳舞了　　　　B. 马上退休了
　　C. 希望享受生活　　　　D. 退休了很无聊

（4）A. 画家　　　　　　　　B. 老年大学的学生
　　C. 大学生　　　　　　　D. 老年大学的老师

（5）A. 想参加比赛　　　　　B. 想上电视
　　C. 想学舞蹈　　　　　　D. 感到羡慕

（6）A. 王教授马上就退休了　B. 王教授不想回来上课
　　C. 女的在上王教授的课　D. 男的在上王教授的课

口语练习 Speaking Drills

4 听后复述，并模仿造句。 🎧 010-7

Listen and retell. Imitate the structures to build new sentences.

（1）_____

（2）_____

（3）_____

（4）_____

（5）_____

（6）_____

5 看图说话。

Look and say.

（1）
退休

（2）
机器人

（3）
享受

（4）
友谊

（5）
奖

（6）
不是……就是……

6 回答问题。

Answer the questions.

Nǐ duì Zhōngguó lǎonián rén de shēnghuó liǎojiě ma?
（1）你对中国老年人的生活了解吗？

Nǐmen guójiā de lǎoniánrén shēnghuó yǔ Zhōngguó yǒu shénme bùtóng?
（2）你们国家的老年人生活与中国有什么不同？

（3）你小时候除了在学校学习，还上课外班吗？

（4）你认为小孩子需要学习各种知识和艺术吗？

（5）请说一说你理解的快乐教育是什么。

（6）你觉得小时候学习各种知识和艺术的人长大后更有竞争力吗？

Lesson Eleven

Jiànkāng zuì zhòngyào
健康最重要
Health is the most important thing

热身
Warm-up

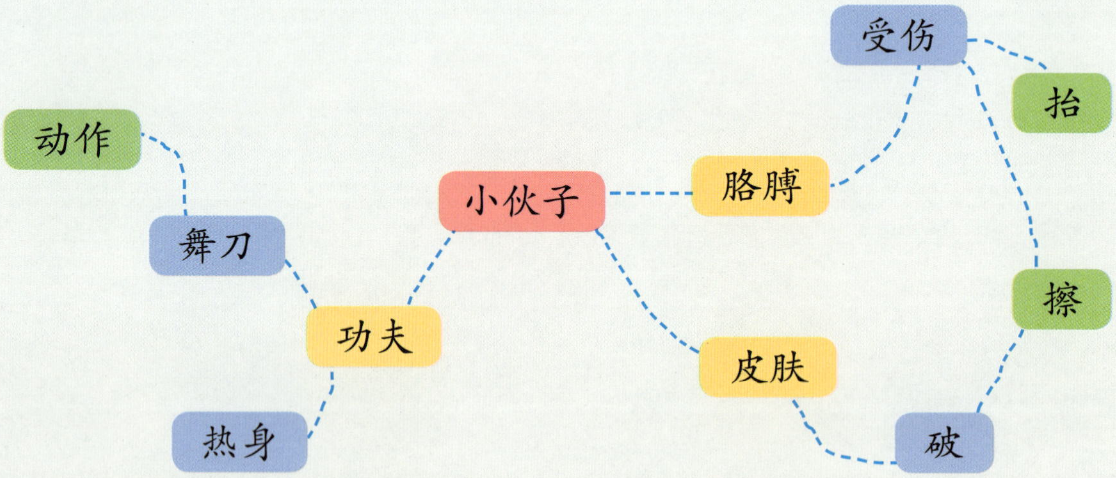

动作 — 舞刀 — 功夫 — 热身 — 小伙子 — 胳膊 — 受伤 — 抬 — 擦 — 破 — 皮肤

健康最重要
Health is the most important thing 11

课文 Text

课文 1 11-1

大卫：大夫，您好！昨天下午我练习舞刀，转身时不小心把胳膊弄伤了。现在举不起来，也提不动东西，而且这块皮肤还破了。

医生：你试着轻轻地抬一抬胳膊，看能坚持几秒，要是疼的话就停下来。

大卫：只能抬这么高了，还是挺疼的。

医生：问题不大，我先给你开点儿药，你去付款后取药吧。这些药让护士告诉你怎么用；这些是自己擦的，你回去严格按照说明书使用就可以了。

大卫：好的。那我什么时候可以再开始练功夫呢？

医生：小伙子，别着急，你现在不是需要练功，而是需要休息。功夫就先停一停吧。中国有句话叫"欲速则不达"。等到你能够轻松举起胳膊来的时候，就可以慢慢开始运动了。以后舞刀时一定要小心，再熟悉的动作，也得先热身，否则很容易受伤。

课文 2 11-2

莎莉：尼克，你在喝咖啡吗？

尼克：我这个可不是咖啡，而是中药。

莎莉：你怎么了，为什么要喝中药啊？

尼克：我最近晚上睡觉的时候经常会醒，白天总是困，所以脾气也不太好。妻子让我去看看中医。

95

　　　　　大夫给我开了几种中药，我已经喝了好几天了。
莎莉：那你感觉怎么样，有作用吗？
尼克：这几天感觉好一些了。大夫说要至少一个月才能见到效果，以后还要养成早睡早起的好习惯。
莎莉：不过话又说回来，这药的颜色看着好像咖啡啊，好喝吗？
尼克：中药一般都是苦的，不过再苦也得喝。中医有句话是"良药苦口利于病"。
莎莉：说得对。我最近也感觉有点不舒服，我是不是也应该去看看中医呢？
尼克：我建议去看看，否则，等到真生病的时候，后悔都来不及了。

课文 3　11-3

我这几天好无聊啊。以前我每天都会练一段中国功夫，没想到前天在练功时，不小心把胳膊弄伤了，举不起来也提不动东西。医生给我开了些药，让我好好休息。医生还告诉我，运动之前一定要热身，先把身体活动开来，再运动就不容易受伤。

　　尼克最近也不太舒服，晚上睡觉时总是容易醒，白天又比较困，这使他的脾气变得很差。他的妻子建议他去看中医。大夫给他开了一些中药，需要喝一个月才会有效果。"良药苦口利于病"，希望尼克很快好起来，我们都健健康康的。

健康最重要
Health is the most important thing

课文拼音 Texts in Pinyin

课文 1　　Dàwèi: Dàifu, nín hǎo! Zuótiān xiàwǔ wǒ liànxí wǔ dāo, zhuǎnshēn shí bù xiǎoxīn bǎ gēbo nòng shāng le. Xiànzài jǔ bù qǐlái, yě tí bú dòng dōngxi, érqiě zhè kuài pífū hái pò le.

　　　　　Yīshēng: Nǐ shìzhe qīngqīng de tái yì tái gēbo, kàn néng jiānchí jǐ miǎo, yàoshi téng de huà jiù tíng xiàlái.

　　　　　Dàwèi: Zhǐ néng tái zhème gāo le, háishi tǐng téng de.

　　　　　Yīshēng: Wèntí bú dà, wǒ xiān gěi nǐ kāi diǎnr yào, nǐ qù fùkuǎn hòu qǔ yào ba. Zhèxiē yào ràng hùshi gàosu nǐ zěnme yòng; zhèxiē shì zìjǐ cā de, nǐ huíqù yángé ànzhào shuōmíngshū shǐyòng jiù kěyǐ le.

　　　　　Dàwèi: Hǎo de. Nà wǒ shénme shíhou kěyǐ zài kāishǐ liàn gōngfu ne?

　　　　　Yīshēng: Xiǎohuǒzi, bié zháojí, nǐ xiànzài búshì xūyào liàngōng, érshì xūyào xiūxi. Gōngfu jiù xiān tíng yì tíng ba. Zhōngguó yǒu jù huà jiào "yù sù zé bù dá". Děngdào nǐ nénggòu qīngsōng jǔqǐ gēbo lái de shíhou, jiù kěyǐ mànmàn kāishǐ yùndòng le. Yǐhòu wǔ dāo shí yídìng yào xiǎoxīn, zài shúxi de dòngzuò, yě děi xiān rèshēn, fǒuzé hěn róngyì shòushāng.

课文 2　　Shālì: Níkè, nǐ zài hē kāfēi ma?

　　　　　Níkè: Wǒ zhège kě bú shì kāfēi, érshì zhōngyào.

　　　　　Shālì: Nǐ zěnme le, wèi shénme yào hē zhōngyào a?

　　　　　Níkè: Wǒ zuìjìn wǎnshang shuìjiào de shíhou jīngcháng huì xǐng, báitiān zǒngshì kùn, suǒyǐ píqi yě bú tài hǎo. Qīzi ràng wǒ qù kànkan zhōngyī. Dàifu gěi wǒ kāile jǐ zhǒng zhōngyào, wǒ yǐjīng hēle hǎo jǐ tiān le.

　　　　　Shālì: Nà nǐ gǎnjué zěnmeyàng, yǒu zuòyòng ma?

　　　　　Níkè: Zhè jǐ tiān gǎnjué hǎo yìxiē le. Dàifu shuō yào zhìshǎo yí gè yuè cáinéng jiàndào xiàoguǒ, yǐhòu háiyào yǎng chéng zǎo shuì zǎo qǐ de hǎo xíguàn.

　　　　　Shālì: Búguò huà yòu shuō huílái, zhè yào de yánsè kànzhe hǎoxiàng kāfēi a, hǎohē ma?

　　　　　Níkè: Zhōngyào yìbān dōu shì kǔ de, búguò zài kǔ yě děi hē. Zhōngyī yǒu jù huà shì "Liáng yào kǔ kǒu lìyú bìng".

　　　　　Shālì: Shuō de duì. Wǒ zuìjìn yě gǎnjué yǒudiǎn bù shūfu, wǒ shì bú shì yě yīnggāi qù kànkan zhōngyī ne?

　　　　　Níkè: Wǒ jiànyì qù kànkan, fǒuzé, děngdào zhēn shēngbìng de shíhou, hòuhuǐ dōu láibují le.

课文 3　　Wǒ zhè jǐ tiān hǎo wúliáo a. Yǐqián wǒ měi tiān dōu huì liàn yí duàn Zhōngguó gōngfu, méi xiǎngdào qiántiān zài liàngōng shí, bù xiǎoxīn bǎ gēbo nòng shāng le, jǔ bù qǐlái yě tí bú dòng dōngxi. Yīshēng gěi wǒ kāile xiē yào, ràng wǒ hǎohǎo xiūxi. Yīshēng hái gàosu wǒ, yùndòng zhī qián yídìng yào rèshēn, xiān bǎ shēntǐ huódòng kāilái, zài yùndòng jiù bù róngyì shòushāng.

　　Níkè zuìjìn yě bú tài shūfu, wǎnshang shuìjiào shí zǒngshì róngyì xǐng, báitiān yòu bǐjiào kùn, zhè shǐ tā de píqi biàn de hěn chà. Tā de qīzi jiànyì tā qù kàn zhōngyī. Dàifu gěi tā kāile yìxiē zhōngyào, xūyào hē yí gè yuè cái huì yǒu xiàoguǒ. "Liáng yào kǔ kǒu lìyú bìng", xīwàng Níkè hěn kuài hǎo qǐlái, wǒmen dōu jiànjiànkāngkāng de.

生词 New Words

刀	dāo	n.	knife
转	zhuǎn	v.	to turn, to shift
胳膊	gēbo	n.	arm
伤	shāng	n. / v.	injury; to injure
皮肤	pífū	n.	skin
破	pò	v.	(of skin) to graze, to cut
轻	qīng	adj.	light, of little weight
抬	tái	v.	to lift, to raise
护士	hùshi	n.	nurse
擦	cā	v.	to rub, to wipe
严格	yángé	adj.	strict, rigorous
小伙子	xiǎohuǒzi	n.	young man, young fellow
功夫	gōngfu	n.	Kungfu
* 欲速则不达	yù sù zé bù dá		More haste, less speed. Haste makes waste.
动作	dòngzuò	n.	action, movement
* 热身	rèshēn	v.	to warm up
* 受伤	shòushāng	v.	to get hurt, to be injured
脾气	píqi	n.	temper, disposition
* 中医	zhōngyī	n.	traditional Chinese medical science; doctor of traditional Chinese medicine
* 中药	zhōngyào	n.	traditional Chinese medicine (substance)
作用	zuòyòng	n.	effect, function

续表

养成	yǎngchéng	v.	to develop, to form
后悔	hòuhuǐ	v.	to regret
*良药苦口利于病	Liáng yào kǔ kǒu lìyú bìng		Good medicine is bitter in taste but good for curing the disease.

语法点 Language Points

1 "不是……，而是……"：表示并列关系的关联词，对前一种情况作了否定，而对后一种情况作了肯定。例如：

"不是……，而是……" are connectors which indicate a juxtaposition, in which the first situation is refuted, and the succeeding situation is validated. For example:

今天不是晴天，而是阴天。
他不是哥哥，而是弟弟。
她现在需要的不是鼓励，而是休息。

2 "等到……的时候"：等到，介词，表示时间条件。例如：

"等到" is a preposition. The structure "等到……的时候" expresses a time condition. For example:

等到明年花开的时候，欢迎来我的家乡赏花。
等到太阳落山的时候，孩子们就该回家了。
等（到）我们赶到车站的时候，火车已经开走了。

3 "再……也……"：再，副词，用于让步的假设句，含有"即使"或"无论怎么"的意思，后面常用"也""还是"呼应。例如：

"再" is an adverb used in hypothetical sentences expressing a concession, similar to "即使" or "无论怎么". It is often followed by "也" or "还是" in the succeeding clause. For example:

每个人都有缺点，再优秀的人也一样。
你再怎么劝，他还是不听。
再等也是这几个人，还是别等了吧。

4 "否则"：连词；如果不是这样。连接小句，用在后一小句的开头。例如：

"否则" is a conjunction which means "if it's not this way". It is used at the beginning of the succeeding clause. For example:

他一定是有要紧的事，否则不会一直给你打电话。

最好今天下午去，否则明天就晚了。

出门前还是跟妈妈说一声吧，否则她会担心的。

练习 Drills

听力练习 Listening Drills

1. 听课文，回答问题。 11-4
   Listen to the texts and answer the questions.

   （1）大卫怎么了？
   Dàwèi zěnme le?

   （2）医生让大卫怎么用药？
   Yīshēng ràng Dàwèi zěnme yòngyào?

   （3）医生给了大卫什么建议？
   Yīshēng gěile Dàwèi shénme jiànyì?

   （4）尼克为什么要喝中药？
   Níkè wèi shénme yào hē zhōngyào?

   （5）尼克要喝多长时间的中药才能见到效果？
   Níkè yào hē duō cháng shíjiān de zhōngyào cái néng jiàndào xiàoguǒ?

   （6）尼克给了莎莉什么建议？
   Níkè gěile Shālì shénme jiànyì?

2. 听句子，判断对错。 11-5
   Listen to the following sentences and tell whether they are true or false.

   （1）运动减肥最健康，所以运动的时间越长越好。　　（　　）

   （2）中药更容易被身体接受。　　（　　）

   （3）我每天早上都会打半小时篮球。　　（　　）

   （4）爸爸习惯早睡早起。　　（　　）

   （5）凉茶在中国北方很常见。　　（　　）

   （6）我在学中国功夫。　　（　　）

健康最重要
Health is the most important thing 11

3 听录音，选择正确答案。 🎧 11-6
Listen to the recordings and choose the correct answers.

（1）A. 不想让女的参加比赛　　B. 觉得比赛非常重要
　　　C. 觉得女的要好好休息　　D. 想陪女的一起练习

（2）A. 周三下午　　　　　　　B. 周四下午
　　　C. 周四上午　　　　　　　D. 周五下午

（3）A. 才三十多岁　　　　　　B. 已经四十五岁了
　　　C. 看起来很年轻　　　　　D. 注意保护皮肤

（4）A. 感冒厉害了　　　　　　B. 现在发烧了
　　　C. 恢复健康了　　　　　　D. 可以上班了

（5）A. 女的已经很瘦了　　　　B. 女的应该去看医生
　　　C. 女的应该多吃点　　　　D. 女的减肥方法不对

（6）A. 多睡觉　　　　　　　　B. 吃西药
　　　C. 多运动　　　　　　　　D. 喝咖啡

口语练习 Speaking Drills

4 听后复述，并模仿造句。 🎧 11-7
Listen and retell. Imitate the structures to build new sentences.

（1）_____
（2）_____
（3）_____
（4）_____
（5）_____
（6）_____

5 看图说话。

Look and say.

（1）
不舒服

（2）
受伤

（3）
苦

（4）
擦

（5）
热身

（6）
无聊

6 回答问题。

Answer the questions.

（1）Nǐ juéde duì shēntǐ zuì hǎo de yùndòng shì shénme? Wèi shénme?
你觉得对身体最好的运动是什么？为什么？

_____

（2）Zuò yùndòng qián rúguǒ bú rèshēn de huà, huì fāshēng shénme?
做运动前如果不热身的话，会发生什么？

_____

（3）你或你的朋友有过运动受伤的经历吗？

（4）请简单介绍一下你所了解的中医或者中药。

（5）你每天的睡眠时间是多少？为什么？

（6）你怎么理解"良药苦口利于病"这句话？

第十二课 Lesson Twelve

毕业后你有什么打算
Bìyè hòu nǐ yǒu shénme dǎsuàn

What are your plans after graduation

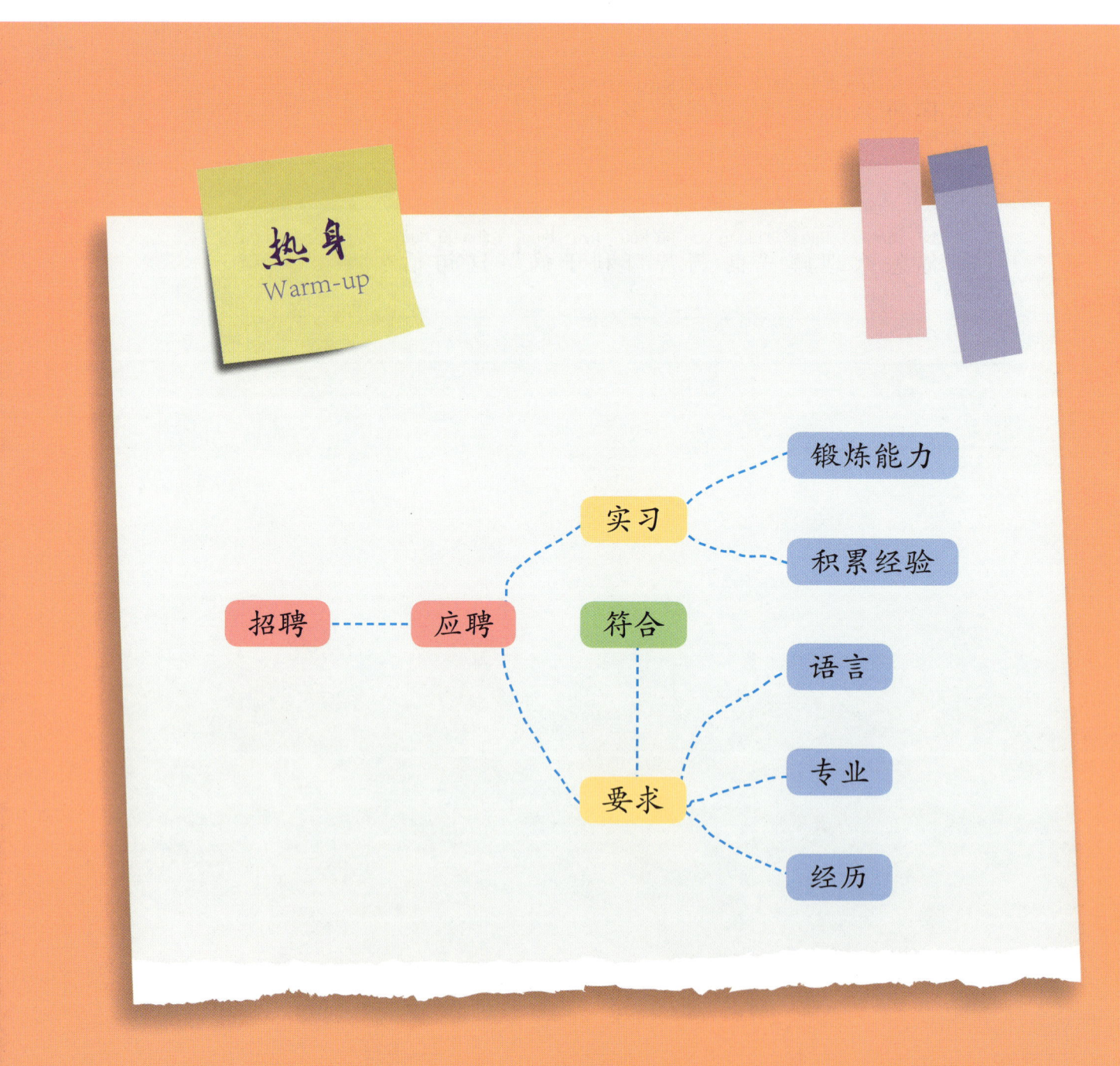

12 毕业后你有什么打算
What are your plans after graduation

课文 Text

课文 1 12-1

大卫：今天学校怎么这么热闹，是不是有什么活动啊？

莎莉：对啊，今天学校正在举办毕业招聘会呢，我也想去看看今年的招聘会都有些什么工作，大概是些什么要求，这样一来，我就可以为以后找工作提前做点儿准备，未雨绸缪。

大卫：你学的是经济学，尽管学习这个专业的人比较多，竞争也很大，但你那么优秀，要找个工作估计没什么困难。

莎莉：我在中国两年多了，已经适应了这里的生活，希望可以留下来。我的理想是能进入世界500强的中国公司工作。当然了，如果我的条件暂时不符合这些公司的要求，那我就先去一个小一点儿的公司，锻炼一下自己的实际工作能力，也是不错的选择。

大卫：你肯定没问题，我对你有信心。

莎莉：谢谢你的鼓励，我继续努力！

课文 2 12-2

大卫：莎莉，昨天的招聘会你后来去了吗？

莎莉：去了呀。我原来只是打算去了解一下情况，没想应聘。后来看到一家公司在招聘实习生，我就试了试。没想到今天接到他们的电话，通知我下周一直接去公司谈谈。如果互相满意，就可以开始实习。

105

大卫：那可真是好消息。你在语言能力、专业知识和社会活动经历上都很棒，能在这三方面超过你的，恐怕没几个人，你肯定是他们最理想的选择。这样一来，你就可以早早积累工作经验了。

莎莉：我哪有你说的那么优秀，现在像我这样的应聘者应该不少。当然了，能获得这个面试的机会也挺不容易的，我还真是不敢放松，得更积极、认真地准备。别光说我呀，你呢，以后怎么打算的？

大卫：我？我还想继续在学校读读书，最好能读硕士、读博士。我觉得读书不仅仅是为了找一份好工作，更是为了丰富自己的知识，为将来做科学研究打基础。

课文 3 12-3

莎莉来中国两年多，早已适应了这里的生活，她希望可以留在中国工作。正好今天学校有一场毕业招聘会，她打算去看看，想为以后找工作提前做点儿准备。虽然莎莉的理想是到世界500强的中国公司工作，但是跟她学相同专业的学生比较多，她担心竞争可能比较大，所以也考虑先去小公司锻炼一下。

在读大学的目的上，我跟莎莉不一样。我更愿意继续学习，读硕士、读博士，将来能为国家、为社会做科学研究。

我觉得只要有能力，够优秀，我们就都能实现自己的理想。

课文拼音 Texts in Pinyin

课文 1　Dàwèi: Jīntiān xuéxiào zěnme zhème rènao, shì bú shì yǒu shénme huódòng a?
　　　　Shālì: Duì a, jīntiān xuéxiào zhèng zài jǔbàn bìyè zhāopìn huì ne, wǒ yě xiǎng qù kànkan jīnnián de zhāopìn huì dōu yǒu xiē shénme gōngzuò, dàgài shì xiē

毕业后你有什么打算
What are your plans after graduation **12**

shénme yāoqiú, zhèyàng yìlái, wǒ jiù kěyǐ wèi yǐhòu zhǎo gōngzuò tíqián zuò diǎnr zhǔnbèi, wèiyǔ-chóumóu.

Dàwèi: Nǐ xué de shì jīngjìxué, jǐnguǎn xuéxí zhège zhuānyè de rén bǐjiào duō, jìngzhēng yě hěn dà, dàn nǐ nàme yōuxiù, yào zhǎo gè gōngzuò gūjì méi shénme kùnnan.

Shālì: Wǒ zài Zhōngguó liǎng nián duō le, yǐjīng shìyìngle zhèlǐ de shēnghuó, xīwàng kěyǐ liú xiàlái. Wǒ de lǐxiǎng shì néng jìnrù shìjiè 500 qiáng de Zhōngguó gōngsī gōngzuò. Dāngrán le, rúguǒ wǒ de tiáojiàn zànshí bù fúhé zhèxiē gōngsī de yāoqiú, nà wǒ jiù xiān qù yí gè xiǎo yìdiǎnr de gōngsī, duànliàn yíxià zìjǐ de shíjì gōngzuò nénglì, yě shì búcuò de xuǎnzé.

Dàwèi: Nǐ kěndìng méi wèntí, wǒ duì nǐ yǒu xìnxīn.

Shālì: Xièxie nǐ de gǔlì, wǒ jìxù nǔlì!

课文 2　Dàwèi: Shālì, zuótiān de zhāopìn huì nǐ hòulái qù le ma?

Shālì: Qùle ya. Wǒ yuánlái zhǐshì dǎsuàn qù liǎojiě yíxià qíngkuàng, méi xiǎng yìngpìn. Hòulái kàndào yì jiā gōngsī zài zhāopìn shíxíshēng, wǒ jiù shì le shì. Méi xiǎngdào jīntiān jiēdào tāmen de diànhuà, tōngzhī wǒ xià zhōu yī zhíjiē qù gōngsī tántan. Rúguǒ hùxiāng mǎnyì, jiù kěyǐ kāishǐ shíxí.

Dàwèi: Nà kě zhēnshì hǎo xiāoxi. Nǐ zài yǔyán nénglì, zhuānyè zhīshi hé shèhuì huódòng jīnglì shang dōu hěn bàng, néng zài zhè sān fāngmiàn chāoguò nǐ de, kǒngpà méi jǐ gè rén, nǐ kěndìng shì tāmen zuì lǐxiǎng de xuǎnzé. Zhèyàng yìlái, nǐ jiù kěyǐ zǎozǎo jīlěi gōngzuò jīngyàn le.

Shālì: Wǒ nǎ yǒu nǐ shuō de nàme yōuxiù, xiànzài xiàng wǒ zhèyàng de yìngpìnzhě yīnggāi bù shǎo. Dāngrán le, néng huòdé zhège miànshì de jīhuì yě tǐng bù róngyì de, wǒ hái zhēn shì bùgǎn fàngsōng, děi gèng jījí, rènzhēn de zhǔnbèi. Bié guāng shuō wǒ ya, nǐ ne, yǐhòu zěnme dǎsuàn de?

Dàwèi: Wǒ? Wǒ hái xiǎng jìxù zài xuéxiào dúdushū, zuìhǎo néng dú shuòshì, dú bóshì. Wǒ juéde dúshū bùjǐnjǐn shì wèile zhǎo yí fèn hǎo gōngzuò, gèngshì wèile fēngfù zìjǐ de zhīshi, wèi jiānglái zuò kēxué yánjiū dǎ jīchǔ.

课文 3　　　Shālì lái Zhōngguó liǎng nián duō, zǎoyǐ shìyìngle zhèlǐ de shēnghuó, tā xīwàng kěyǐ liú zài Zhōngguó gōngzuò. Zhènghǎo jīntiān xuéxiào yǒu yì chǎng bìyè zhāopìn huì, tā dǎsuàn qù kànkan, xiǎng wèi yǐhòu zhǎo gōngzuò tíqián zuò diǎnr zhǔnbèi. Suīrán Shālì de lǐxiǎng shì dào shìjiè 500 qiáng de Zhōngguó gōngsī gōngzuò, dànshì gēn tā xué xiāngtóng zhuānyè de xuéshēng bǐjiào duō, tā dānxīn jìngzhēng kěnéng bǐjiào dà, suǒyǐ yě kǎolǜ xiān qù xiǎo gōngsī duànliàn yíxià.

　　Zài dú dàxué de mùdì shang, wǒ gēn Shālì bù yíyàng. Wǒ gèng yuànyì jìxù xuéxí, dú shuòshì, dú bóshì, jiānglái néng wèi guójiā, wèi shèhuì zuò kēxué yánjiū.

　　Wǒ juéde zhǐyào yǒu nénglì, gòu yōuxiù, wǒmen jiù dōu néng shíxiàn zìjǐ de lǐxiǎng.

生词 New Words

*未雨绸缪	wèiyǔ-chóumóu		to repair the house before it rains—to take preventive measures, to be proactive
暂时	zànshí	adj.	temporary
应聘	yìngpìn	v.	to apply for a job
*实习生	shíxíshēng	n.	intern, trainee
谈	tán	v.	to talk, to discuss
互相	hùxiāng	adv.	mutually
语言	yǔyán	n.	language
*硕士	shuòshì	n.	master (academic degree)
将来	jiānglái	n.	future
*实现	shíxiàn	v.	to realize, to achieve

语法点 Language Points

1 "这样一来"：表示某种动作或情况的出现。也可以说"这么一来""那样一来"。例如：

"这样一来" indicates the appearance of a certain action or situation. "这样" can be replaced by "这么" or "那样". For example:

他对人总是态度不好，这样一来谁还愿意跟他接近？

朋友给我准备好了吃的、喝的、用的，那样一来，我什么也不用带了。

爸爸刚才说不能帮我修理自行车了，这么一来，我明天只能走路上学了。

2 "当然"：副词，表示对上文加以补充，多作插入语。例如：

"当然" is an adverb often used as a parenthesis to complement something said beforehand. For example:

当然，我说的只是少数情况。

打太极拳对身体很有好处，当然，要持之以恒。

他是我的好朋友，当然了，也是我的妹夫，有困难肯定要帮忙的。

毕业后你有什么打算
What are your plans after graduation 12

3 "在……上"：表示范围，中间可插入名词性成分或动词性成分。例如：

"在……上" is a structure which indicates a range and can contain noun or verb components. For example:

在这个问题上，我和小李的意见不一致。

她把生活费都用在买书上了。

他在学习上很努力，在生活上要求很简单。

练习 Drills

听力练习 Listening Drills

1 听课文，回答问题。 🎧 12-4

Listen to the texts and answer the questions.

　　　　Jīntiān xuéxiào yǒu shénme huódòng?
（1）今天学校有什么活动？

　　　　Rúguǒ Shālì de tiáojiàn bù fúhé dà gōngsī de yāoqiú, tā dǎsuàn zěnme zuò?
（2）如果莎莉的条件不符合大公司的要求，她打算怎么做？

　　　　Shālì qù zhāopìn huì le ma? Jiéguǒ zěnmeyàng?
（3）莎莉去招聘会了吗？结果怎么样？

　　　　Dàwèi juéde Shālì zài nǎxiē fāngmiàn hěn bàng?
（4）大卫觉得莎莉在哪些方面很棒？

　　　　Dàwèi yǐhòu yǒu shénme dǎsuàn?
（5）大卫以后有什么打算？

　　　　Dàwèi rènwéi dúshū de mùdì shì shénme?
（6）大卫认为读书的目的是什么？

2 听句子，判断对错。 🎧 12-5

Listen to the following sentences and tell whether they are true or false.

（1）大公司压力大，工资也很高。　　　　　　　　　　　　（　　）

（2）只要有实际能力就能找到好工作。　　　　　　　　　　（　　）

（3）大卫在应聘中很有竞争力。　　　　　　　　　　　　　（　　）

（4）很多找不到工作的人，都考上了研究生。　　　　　　　（　　）

（5）因为我更喜欢第一家公司，所以就去参加了他们的面试。（　　）

（6）我现在决定去小公司工作了。　　　　　　　　　　　　（　　）

109

3 听录音，选择正确答案。 🎧 12-6

Listen to the recordings and choose the correct answers.

（1）A. 读博士的压力太大　　　　B. 他觉得自己能力不够
　　　C. 他想放松一下　　　　　　D. 他想看电影了

（2）A. 邻居　　　　　　　　　　B. 同事
　　　C. 朋友　　　　　　　　　　D. 同学

（3）A. 离她家很近　　　　　　　B. 可以积累经验
　　　C. 收入并不低　　　　　　　D. 有时间学习

（4）A. 她的成绩不够好　　　　　B. 她不爱爬山
　　　C. 她要去考试　　　　　　　D. 她要去图书馆学习

（5）A. 女的不适合做研究　　　　B. 研究内容并不难
　　　C. 建议换一个研究题目　　　D. 应该坚持做下去

（6）A. 工作太累了　　　　　　　B. 工资太少了
　　　C. 招聘信息是假的　　　　　D. 自己也想去试试

口语练习 Speaking Drills

4 听后复述，并模仿造句。 🎧 12-7

Listen and retell. Imitate the structures to build new sentences.

（1）_____

（2）_____

（3）_____

（4）_____

（5）_____

（6）_____

毕业后你有什么打算
What are your plans after graduation

5 看图说话。
Look and say.

（1）
招聘

（2）
语言

（3）
博士

（4）
谈

（5）
理想

（6）
竞争

6 回答问题。
Answer the questions.

　　　　Nǐ yǐhòu xiǎng zuò shénme gōngzuò? Wèi shénme?
（1）你 以 后 想 做 什 么 工 作？ 为 什 么？

　　　　Rúguǒ nǐ qù yìngpìn, nǐ rènwéi zìjǐ yǒu shénme yōushì?
（2）如 果 你 去 应 聘， 你 认 为 自 己 有 什 么 优 势？

（3）请介绍一次你的实习或工作经历。

（4）请你介绍一下你们国家最受年轻人欢迎的工作。

（5）大学毕业后你想继续学习还是去工作？为什么？

（6）找工作时，你最重视收入还是公司的大小？

13 Lesson Thirteen

Xiàndàirén de gōngzuò yǔ shēnghuó
现代人的工作与生活
Modern people's work and life

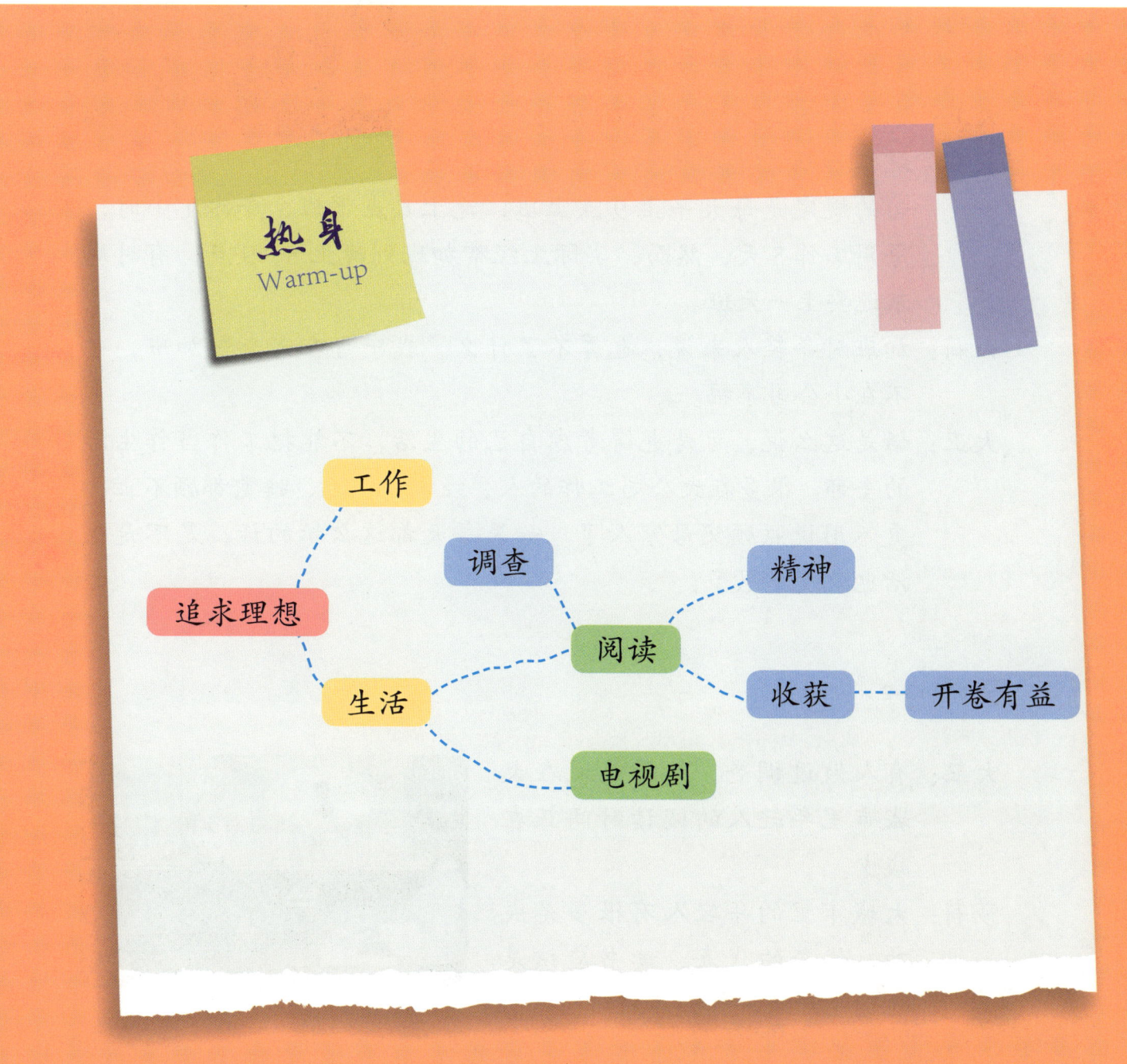

课文 Text

课文 1 13-1

大卫：你为什么要去世界500强的公司上班呢？

莎莉：因为不但收入不错，还能积累丰富的工作经验。

大卫：在大公司工作好是好，但是听说工作压力也挺大的。虽说公司的规定是每天早上9点上班，晚上6点下班，午休1小时，每周工作5天，然而，实际上经常加班到晚上8、9点，有时周末还要上一天班。

莎莉：加班对年轻人来说，也算不了什么。我宁可在大公司加班，也不在小公司享福。

大卫：话是这么说，可是也得考虑自己的生活，不能把工作当作生活的全部。很多在大公司工作的人，经常连吃饭、睡觉都顾不上，更不用说照顾父母家人了。如果每天都这么忙的话，是不是生活也就没意思了？

课文 2 13-2

大卫：有人做过调查，结果是现在大城市里年轻人的阅读时间正在减少。

莎莉：大城市里的年轻人有很多是成功、优秀的代表，读书应该是他们生活的一部分才对。

大卫：话是这么说，可是他们大都忙着追求自己的理想，为工作、为生活努力着，自己连睡觉的时间都不够，更不用说花时间读书了。

莎莉：现在电脑、手机阅读十分方便，不像过去那样非得拿着一本书，大家阅读时间应该更多才对啊。

大卫：手机是方便了我们的生活，但是没能给我们增加阅读的时间。有的人宁可在电脑、手机上看一些无聊的电视剧，也不愿仔细读一页书。要知道，读书不仅能让我们学到知识，还能给我们带来不一样的精神享受。只要打开书，就一定会有收获。

莎莉：这就叫"开卷有益"，对吧？

课文 3 13-3

现在不少年轻人都喜欢在大城市生活、工作，因为除了热闹，大城市还可能有更多成功的机会，可以获得更多资源。可是，大城市的年轻人生活真是不容易，房子贵、工作竞争激烈、生活压力大。

近几年，社会上甚至出现了每天早上9点上班、晚上9点下班、一周工作6天的情况，这比一般的工作时间长得多、累得多。虽然年轻人是应该努力工作，但是如果让工作成为生活的全部，那么哪儿有时间跟家人在一起呢？又怎么能保证健康和快乐呢？

调查发现，大城市里年轻人的阅读时间正在减少。他们大都忙着追求自己的理想，为工作、为生活努力着，连睡觉的时间都不够，更不用说花时间读书了。要知道，读书不仅能让我们学到知识，还能给我们带来不一样的精神享受。

课文拼音 Texts in Pinyin

课文 1

Dàwèi: Nǐ wèi shénme yào qù shìjiè 500 qiáng de gōngsī shàngbān ne?

Shālì: Yīnwèi búdàn shōurù bú cuò, hái néng jīlěi fēngfù de gōngzuò jīngyàn.

Dàwèi: Zài dà gōngsī gōngzuò hǎo shì hǎo, dànshì tīngshuō gōngzuò yālì yě tǐng dà de. Suīshuō gōngsī de guīdìng shì měi tiān zǎoshang 9 diǎn shàngbān, wǎnshang 6 diǎn xiàbān, wǔxiū 1 xiǎoshí, měi zhōu gōngzuò 5 tiān, rán'ér, shíjìshang jīngcháng jiābān dào wǎnshang 8, 9 diǎn, yǒushí zhōumò háiyào shàng yì tiān bān.

Shālì: Jiābān duì niánqīng rén lái shuō, yě suàn bu liǎo shénme. Wǒ nìngkě zài dà gōngsī jiābān, yě bú zài xiǎo gōngsī xiǎngfú.

Dàwèi: Huà shì zhème shuō, kěshì yě děi kǎolǜ zìjǐ de shēnghuó, bù néng bǎ gōngzuò dāngzuò shēnghuó de quánbù. Hěn duō zài dà gōngsī gōngzuò de rén, jīngcháng lián chī fàn, shuìjiào dōu gù bú shàng, gèng búyòng shuō zhàogù fùmǔ jiārén le. Rúguǒ měi tiān dōu zhème máng de huà, shì bú shì shēnghuó yě jiù méi yìsi le?

课文 2

Dàwèi: Yǒurén zuòguo diàochá, jiéguǒ shì xiànzài dà chéngshì li niánqīng rén de yuèdú shíjiān zhèngzài jiǎnshǎo.

Shālì: Dà chéngshì li de niánqīng rén yǒu hěn duō shì chénggōng, yōuxiù de dàibiǎo, dúshū yīnggāi shì tāmen shēnghuó de yí bùfen cái duì.

Dàwèi: Huà shì zhème shuō, kěshì tāmen dàdōu mángzhe zhuīqiú zìjǐ de lǐxiǎng, wèi gōngzuò, wèi shēnghuó nǔlì zhe, zìjǐ lián shuìjiào de shíjiān dōu bú gòu, gèng búyòng shuō huā shíjiān dúshū le.

Shālì: Xiànzài diànnǎo, shǒujī yuèdú shífēn fāngbiàn, bú xiàng guòqù nàyàng fēiděi názhe yì běn shū, dàjiā yuèdú shíjiān yīnggāi gèng duō cái duì a.

Dàwèi: Shǒujī shì fāngbiànle wǒmen de shēnghuó, dànshì méi néng gěi wǒmen zēngjiā yuèdú de shíjiān. Yǒu de rén nìngkě zài diànnǎo, shǒujī shang kàn yìxiē wúliáo de diànshìjù, yě bú yuàn zǐxì dú yí yè shū. Yào zhīdào, dúshū bùjǐn néng ràng wǒmen xuédào zhīshi, hái néng gěi wǒmen dàilái bù yíyàng de jīngshén xiǎngshòu. Zhǐyào dǎkāi shū, jiù yídìng huì yǒu shōuhuò.

Shālì: Zhè jiù jiào "kāijuàn-yǒuyì", duì ba?

课文 3

Xiànzài bù shǎo niánqīng rén dōu xǐhuan zài dà chéngshì shēnghuó, gōngzuò, yīnwèi chúle rènao, dà chéngshì hái kěnéng yǒu gèng duō chénggōng de jīhuì, kěyǐ huòdé gèng duō zīyuán. Kěshì, dà chéngshì de niánqīng rén shēnghuó zhēnshì bù róngyì, fángzi guì, gōngzuò jìngzhēng jīliè, shēnghuó yālì dà.

Jìn jǐ nián, shèhuì shang shènzhì chūxiànle měi tiān zǎoshang 9 diǎn shàngbān, wǎnshang 9 diǎn xiàbān, yì zhōu gōngzuò 6 tiān de qíngkuàng, zhè bǐ yìbān de gōngzuò shíjiān cháng de duō, lèi de duō. Suīrán niánqīng rén shì yīnggāi nǔlì gōngzuò, dànshì

现代人的工作与生活
Modern people's work and life 13

rúguǒ ràng gōngzuò chéngwéi shēnghuó de quánbù, nàme nǎr yǒu shíjiān gēn jiārén zài yìqǐ ne? Yòu zěnme néng bǎozhèng jiànkāng hé kuàilè ne?

Diàochá fāxiàn, dà chéngshì li niánqīngrén de yuèdú shíjiān zhèngzài jiǎnshǎo. Tāmen dàdōu mángzhe zhuīqiú zìjǐ de lǐxiǎng, wèi gōngzuò, wèi shēnghuó nǔlìzhe, lián shuìjiào de shíjiān dōu búgòu, gèng bú yòng shuō huā shíjiān dúshū le. Yào zhīdao, dúshū bùjǐn nén ràng wǒmen xuédào zhīshi, hái néng gěi wǒmen dàilái bù yíyàng de jīngshén xiǎngshòu.

生词 New Words

*享福	xiǎngfú	v.	to enjoy a happy life; to live in ease and comfort
顾	gù	v.	to take care of, to attend to
调查	diàochá	v.	to survey, to investigate
*代表	dàibiǎo	n.	representative
*追求	zhuīqiú	v.	to pursue
*宁可	nìngkě	adv.	would rather
*电视剧	diànshìjù	n.	TV play, TV series, teleplay
页	yè	m.	(*of books, magazines, etc.*) page, leaf
*精神	jīngshén	n.	spirit, mind
*收获	shōuhuò	n.	gains
*开卷有益	kāijuàn-yǒuyì		Reading enriches the mind.
*资源	zīyuán	n.	resource

语法点 Language Points

1 "宁可……，也不……"：表示两害相比取其轻。"宁可"一般用在动词前，也可用在主语前。例如：

"宁可……也不……" is used when comparing two disadvantages of a situation and choosing the lighter of the two. For example:

宁可我多干点，也不能累着你。

作为母亲，她宁可自己吃苦受累，也不委屈孩子。

她宁可放弃周末的休息时间，也要把工作按时完成。

2 "话是这么说,可是……":表示说话人意识到实际情况和表面上所说的有差异,整个结构表示转折关系。也可表达为"话虽这么说,可是……"。例如:

"话是这么说,可是……" is a structure which indicates a transition and is used when the speaker acknowledges that there is a considerable difference between what is apparent and what is really happening. "话虽这么说,可是……" may also be used. For example:

A:吸烟有害健康。
B:话是(虽)这么说,但是要他戒烟,却根本不可能。

A:早睡早起身体好!
B:话是(虽)这么说,可是他平时工作太忙,经常加班到深夜。

A:经常出国旅游,可以增长见识,开拓眼界。
B:话是(虽)这么说,但这需要足够的金钱才行呢!

3 "连……,更不用说……":表示一种比较的让步或递进关系。例如:

"连……,更不用说……" indicates a concession or an advancement achieved through a comparison. For example:

他的脚受伤了,连路都走不了,更不用说踢足球了。
这个问题太难了,连大学生都回答不了,更不用说小学生了。
她连自己的生活都照顾不了,更不用说她的那些猫和狗了。

4 "是……,但是……":"是"在前一分句用于肯定某种已实现的情况,表示让步,也可省略。后一分句用表示转折的"但是""可是""不过"等词语,引出与上文相对立的意思,或限制、补充上文的意思。例如:

"是" is used in the preceding clause to affirm a certain existing or completed situation and to indicate a concession, but it may also be omitted. The succeeding clause puts forth a content opposite, limiting or complementary to what was said beforehand through words which indicate a transition, such as "但是""可是""不过". For example:

这个颜色的衣服好看是好看,就是有点显胖。
他是给了我们一些支持,但是没能帮我们解决问题。
这辆汽车是比别的车好,不过它的价格也高得多。

现代人的工作与生活
Modern people's work and life 13

练习 Drills

听力练习 Listening Drills

1 听课文，回答问题。 🎧 13-4

Listen to the texts and answer the questions.

（1）莎莉为什么想去大公司上班？
Shālì wèi shénme xiǎng qù dà gōngsī shàngbān?

（2）在大公司上班经常会有什么样的情况？
Zài dà gōngsī shàngbān jīngcháng huì yǒu shénmeyàng de qíngkuàng?

（3）大卫喜欢在大公司工作吗？为什么？
Dàwèi xǐhuan zài dà gōngsī gōngzuò ma? Wèi shénme?

（4）文章中的调查结果是什么？
Wénzhāng zhōng de diàochá jiéguǒ shì shénme?

（5）为什么在手机、电脑使阅读更方便的情况下，大家的阅读时间却减少了？
Wèi shénme zài shǒujī、diànnǎo shǐ yuèdú gèng fāngbiàn de qíngkuàng xià, dàjiā de yuèdú shíjiān què jiǎnshǎo le?

（6）大卫认为读书有什么好处？
Dàwèi rènwéi dúshū yǒu shénme hǎochù?

2 听句子，判断对错。 🎧 13-5

Listen to the following sentences and tell whether they are true or false.

（1）今天他们要加班到很晚。　　　　　　　　　　　　（　　）

（2）我没时间去电影院看电影。　　　　　　　　　　　（　　）

（3）手机使家人面对面的交流减少。　　　　　　　　　（　　）

（4）通过读书，我们对生活会有不一样的理解。　　　　（　　）

（5）人们越来越重视精神上的享受。　　　　　　　　　（　　）

（6）我适应不了大城市的生活。　　　　　　　　　　　（　　）

3 听录音，选择正确答案。 🎧 13-6

Listen to the recordings and choose the correct answers.

（1）A. 看电视剧　　　　　　　　B. 看电影

　　　C. 网购　　　　　　　　　　D. 看新闻

（2）A. 大公司压力小　　　　　　B. 大公司需要加班
　　　C. 小公司收入低　　　　　　D. 要做自己感兴趣的工作

（3）A. 工作更重要　　　　　　　B. 男的应该与家人团聚
　　　C. 过节车票不好买　　　　　D. 放假就应该休息

（4）A. 女的应该去读书交流会　　　B. 自己经常读书
　　　C. 手机和电脑没有用处　　　D. 大家都应该多读书

（5）A. 不应该羡慕大城市的人　　　B. 看事情不能只看一方面
　　　C. 大城市的年轻人很优秀　　　D. 女的应该努力学习

（6）A. 读书不重要　　　　　　　B. 成绩好没有用
　　　C. 实习比读书重要　　　　　D. 不能只会读书

口语练习 Speaking Drills

4 听后复述，并模仿造句。 🎧 13-7

Listen and retell. Imitate the structures to build new sentences.

（1）_____
（2）_____
（3）_____
（4）_____
（5）_____
（6）_____

5 看图说话。

Look and say.

（1）
追求

（2）
享福

现代人的工作与生活 13
Modern people's work and life

（3）
精神

（4）
收获

（5）
资源

（6）
调查

6 回答问题。
Answer the questions.

（1）你认为大公司好还是小公司好？为什么？

（2）你喜欢在大城市工作吗？为什么？

（3）你愿意加班吗？

（4）你喜欢什么样的生活？

121

（5）请介绍一本你喜欢的书。

_____

_____

（6）你觉得"开卷有益"吗？

_____

_____

Lesson Fourteen 14

Duì chénggōng de lǐjiě
对成功的理解
Understanding of success

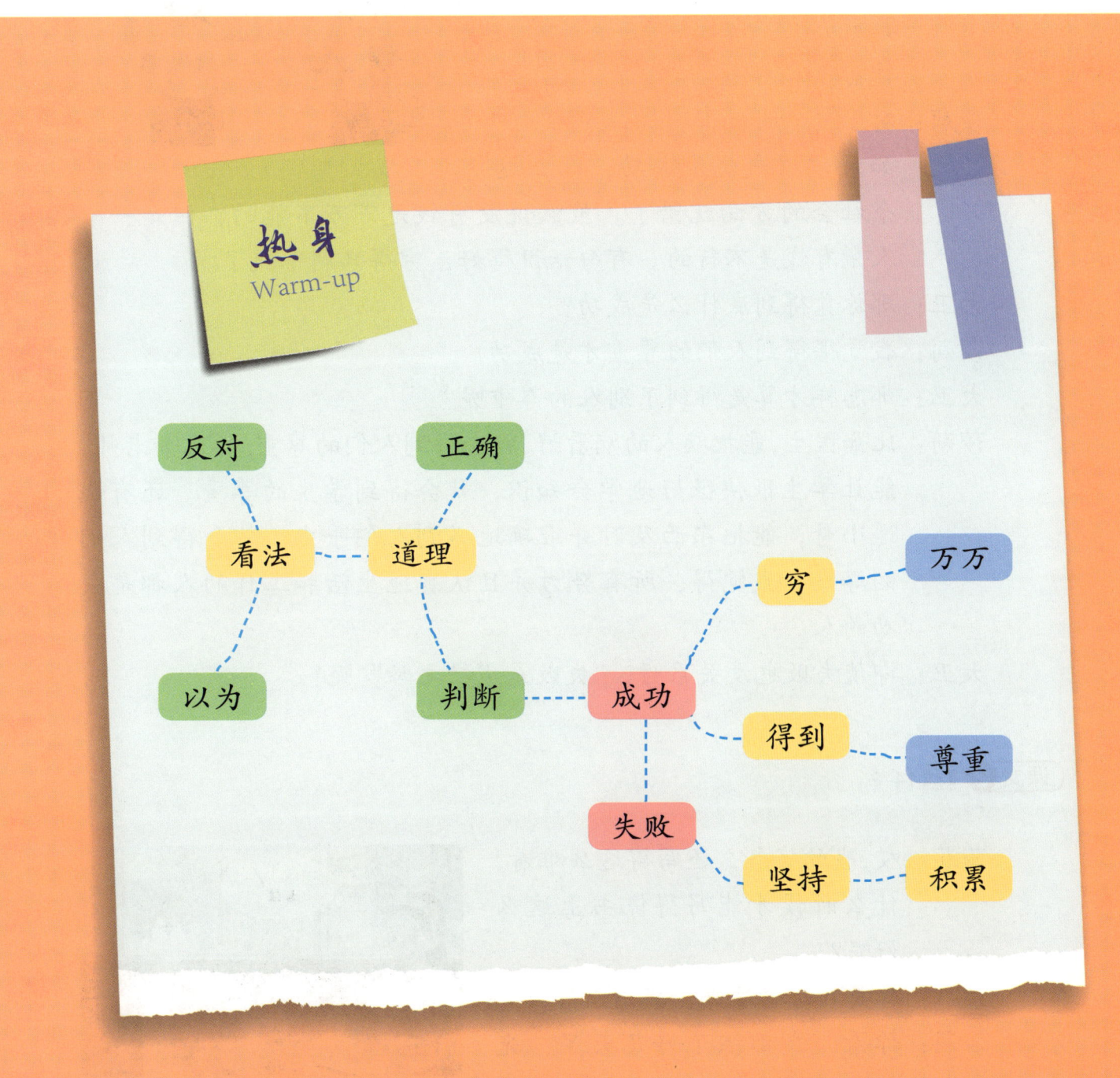

课文 Text

课文 1 14-1

大卫：昨天我看到一个关于"什么是成功"的调查，很多人认为有钱就是成功。对于这个结果，你有什么看法？

莎莉：对于这个调查结果，我表示反对。如果光有钱就是成功，那么这个社会的方向就错了。虽然说没有钱是万万不能的，但是一个人光有钱是不行的。有句话说得好，穷得只剩下钱了。

大卫：那你觉得到底什么是成功？

莎莉：我觉得得到人们的尊重才是成功。

大卫：那怎样才算是得到了别人的尊重呢？

莎莉：比如医生，能把病人的病看好，就会得到人们的尊重。再比如老师，能让学生很快很好地学会知识，就会得到学生的尊重。还有快递小哥，能把东西及时并准确地送到人们手中，就会得到人们的尊重。我觉得，所有努力并且认真地生活和工作的人都是成功的人。

大卫：即使失败也没关系呀，"失败是成功之母"呢！

课文 2 14-2

莎莉：哎，我的字怎么还写得这么难看，什么时候才能写得像书上这么好呢？

大卫：你是在练书法吗？我看看。

莎莉：你看，我都练了好几天了，光

是这一个字我就已经写了几十遍。原来以为很容易写的字，现在却还是写成这个样子，我是不是太笨了！我都怀疑自己到底适合不适合练书法了，再这样我就放弃了。

大卫：绝对不能放弃，一个字练了几十遍，一点儿都不算多。书法是练出来的，首先要坚持，每天练一个小时；其次得多看多想多练习，跟写得好的比较一下，找找哪里不一样；第三可以先打好基础，比如先从简单的字开始练。不经历一段长期积累的过程，是很难成功的。

莎莉：看来我不光是着急，而且方法也不正确。那到底多长时间才能见到效果呢？

大卫：中国有句话，"功到自然成"。

课文 3 14-3

我常常想，什么是判断一个人成功的标准呢？是钱，还是名，还是别人的尊重呢？也许它们都是，也许这样的标准又太简单。

有人说"实现了自己的理想就是成功"，我觉得这话有一定的道理。人与人不同，人与人的理想不同，那么对成功的认识就不相同。

有人说"得到别人的尊重就是成功"，那么无论做什么，只要努力做好自己的工作，就能得到人们的尊重。

莎莉练书法总不见效果，她有些着急。我想，不管做什么，都很难在短时间里获得成功。但是，只要坚持下去就一定能成功。"功到自然成"说的就是这个道理。

课文拼音 Texts in Pinyin

课文 1 Dàwèi: Zuótiān wǒ kàndào yí gè guānyú "shénme shì chénggōng" de diàochá, hěn duō rén rènwéi yǒu qián jiùshì chénggōng. Duìyú zhège jiéguǒ, nǐ yǒu shénme kànfǎ?

Shālì: Duìyú zhège diàochá jiéguǒ, wǒ biǎoshì fǎnduì. Rúguǒ guāng yǒu qián jiùshi chénggōng, nàme zhège shèhuì de fāngxiàng jiù cuò le. Suīrán shuō méiyǒu qián shì wànwàn bù néng de, dànshì yí gè rén guāng yǒu qián shì bù xíng de. Yǒu jù huà shuō de hǎo, qióng de zhǐ shèngxià qián le.

Dàwèi: Nà nǐ juéde dàodǐ shénme shì chénggōng?

Shālì: Wǒ juéde dédào rénmen de zūnzhòng cái shì chénggōng.

Dàwèi: Nà zěnyàng cái suànshì dédàole biérén de zūnzhòng ne?

Shālì: Bǐrú yīshēng, néng bǎ bìngrén de bìng kànhǎo, jiù huì dédào rénmen de zūnzhòng. Zài bǐrú lǎoshī, néng ràng xuéshēng hěn kuài hěn hǎo de xuéhuì zhīshi, jiù huì dédào xuéshēng de zūnzhòng. Hái yǒu kuàidì xiǎogē, néng bǎ dōngxi jíshí bìng zhǔnquè de sòngdào rénmen shǒu zhōng, jiùhuì dédào rénmen de zūnzhòng. Wǒ juéde, suǒyǒu nǔlì bìngqiě rènzhēn de shēnghuó hé gōngzuò de rén dōu shì chénggōng de rén.

Dàwèi: Jíshǐ shībài yě méi guānxi ya, "Shībài shì chénggōng zhī mǔ" ne!

课文 2 Shālì: Ài, wǒ de zì zěnme hái xiě de zhème nánkàn, shénme shíhou cái néng xiě de xiàng shū shang zhème hǎo ne?

Dàwèi: Nǐ shì zài liàn shūfǎ ma? Wǒ kànkan.

Shālì: Nǐ kàn, wǒ dōu liànle hǎo jǐ tiān le, guāng shì zhè yí gè zì wǒ jiù yǐjīng xiěle jǐshí biàn. Yuánlái yǐwéi hěn róngyì xiě de zì, xiànzài què háishi xiě chéng zhège yàngzi, wǒ shì bú shì tài bèn le! Wǒ dōu huáiyí zìjǐ dàodǐ shìhé bú shìhé liàn shūfǎ le, zài zhèyàng wǒ jiù fàngqì le.

Dàwèi: Juéduì bù néng fàngqì, yí gè zì liànle jǐ shí biàn, yìdiǎnr dōu bú suàn duō. Shūfǎ shì liàn chūlái de, shǒuxiān yào jiānchí, měi tiān liàn yí gè xiǎoshí; qícì děi duō kàn duō xiǎng duō liànxí, gēn xiě de hǎo de bǐjiào yíxià, zhǎozhǎo nǎli bù yíyàng; dì-sān kěyǐ xiān dǎ hǎo jīchǔ, bǐrú xiān cóng jiǎndān de zì kāishǐ liàn. Bù jīnglì yí duàn chángqī jīlěi de guòchéng, shì hěn nán chénggōng de.

Shālì: Kànlái wǒ bùguāng shì zháojí, érqiě fāngfǎ yě bú zhèngquè. Nà dàodǐ duō cháng shíjiān cái néng jiàndào xiàoguǒ ne?

Dàwèi: Zhōngguó yǒu jù huà, "Gōng dào zìrán chéng".

课文 3 Wǒ chángcháng xiǎng, shénme shì pànduàn yí gè rén chénggōng de biāozhǔn ne? Shì qián, háishi míng, háishi biérén de zūnzhòng ne? Yěxǔ tāmen dōu shì, yěxǔ zhèyang de biāozhǔn yòu tài jiǎndān.

Yǒu rén shuō "shíxiànle zìjǐ de lǐxiǎng jiù shì chénggōng", wǒ juéde zhè huà yǒu

对成功的理解
Understanding of success 14

yídìng de dàolǐ. Rén yǔ rén bùtóng, rén yǔ rén de lǐxiǎng bùtóng, nàme duì chénggōng de rènshi jiù bù xiāngtóng.

  Yǒu rén shuō "dédào biérén de zūnzhòng jiùshi chénggōng", nàme wúlùn zuò shénme, zhǐyào nǔlì zuò hǎo zìjǐ de gōngzuò, jiù néng dédào rénmen de zūnzhòng.

  Shālì liàn shūfǎ zǒng bú jiàn xiàoguǒ, tā yǒuxiē zháojí. Wǒ xiǎng, bùguǎn zuò shénme, dōu hěn nán zài duǎn shíjiān li huòdé chénggōng. Dànshì, zhǐyào jiānchí xiàqù jiù yídìng néng chénggōng. "Gōng dào zìrán chéng" shuō de jiù shì zhège dàolǐ.

生词 New Words

看法	kànfǎ	n.	viewpoint, opinion
反对	fǎnduì	v.	to oppose, to object
*万万	wànwàn	adv.	absolutely
穷	qióng	adj.	poor
得到	dédào	v.	to gain, to obtain
*算	suàn	v.	to regard as, to count as
准确	zhǔnquè	adj.	accurate, precise
失败	shībài	v.	to fail
*难看	nánkàn	adj.	ugly, terrible
*书法	shūfǎ	n.	calligraphy
遍	biàn	m.	(*used with actions*) time
以为	yǐwéi	v.	to think, to believe
笨	bèn	adj.	stupid, foolish
过程	guòchéng	n.	process, course
*功到自然成	Gōng dào zìrán chéng		Constant efforts yield sure success.
正确	zhèngquè	adj.	right, correct
判断	pànduàn	v.	to judge, to determine
*道理	dàolǐ	n.	principle, truth

语法点 Language Points

1 "光……就……"："光"，副词，有"仅仅""只"的意思，表示限定范围，带有举例性质。由于事物整体比较复杂，或者量十分大，通过"光……就……"这种结构限定一小部分，并作为典型例子加以分析，以点带面来说明整体的或一般的情况。例如：

"光" is an adverb which means "only" and is used to indicate a limited range in the form of giving an example. When something overall is too complex or an amount is too large, the structure "光……就……" is used to take out a small part and to analyze it as a typical example, in order to expand from one point to the entire area, thus explaining the whole or a general situation. For example:

这篇文章太难了，光看一遍就得两个小时。
今天的作业太多了，光一门课的作业就写了十页。
这套衣服太贵了，光一条裤子就要好几千元。

2 "比如"：动词，用于举例，放在所举的例子前面，表示下面就是例子。例如：

"比如" is a verb used when giving examples. It is placed right before the examples to be given to indicate that they are following. For example:

四川菜很有特色，比如宫保鸡丁、鱼香肉丝、麻婆豆腐等，都很受欢迎。
中国很重视环境保护工作，比如北京周围这几年就种了几十万棵树。
交通工具的种类很多，比如飞机、汽车、火车等。

3 "到底$_2$"：副词，表示进一步追究；究竟。用在动词、形容词或主语前。多用于疑问句。例如：

"到底$_2$" is an adverb which indicates pursuing a matter further; after all. It is used before the verb, adjective or subject, mainly in interrogative sentences. For example:

我问了你半天，你都没说清楚他的情况。他到底是谁？到底想干什么？
那里的气候到底冷不冷？
事情到底怎么样了？

对成功的理解 Understanding of success 14

练习 Drills

听力练习 Listening Drills

1 听课文，回答问题。 🎧 14-4

Listen to the texts and answer the questions.

（1）莎莉对调查结果的看法是什么？

（2）莎莉觉得什么才是成功？

（3）根据课文，怎样才算是得到了别人的尊重？

（4）莎莉为什么想放弃练字了？

（5）大卫给了莎莉哪三条建议？

（6）关于练书法练多长时间能见到效果，大卫说了一句什么话？

2 听句子，判断对错。 🎧 14-5

Listen to the following sentences and tell whether they are true or false.

（1）老师获得了社会的尊重，是因为他们能让学生不断提高。　（　　）

（2）有钱就代表成功。　（　　）

（3）不论做什么，都必须坚持下去，才有可能成功。　（　　）

（4）小李觉得给女儿买东西才能表示自己的爱。　（　　）

（5）书法里简单的"点"很容易写。　（　　）

（6）医生和病人要互相理解、互相尊重。　（　　）

3 听录音，选择正确答案。 🎧 14-6

Listen to the recordings and choose the correct answers.

（1）A. 祝贺女的跳得很好　　　　B. 女的比赛成绩可以更好

　　　C. 女的应该感到骄傲　　　　D. 女的应该继续努力练习

129

（2）A. 女的练习书法的时间不多　　B. 上课时要多问同学
　　　C. 要经常给老师看自己的字　　D. 练习书法要慢慢来

（3）A. 有钱当然代表成功　　　　　B. 应该知道赚钱不重要
　　　C. 有钱就会得到尊重　　　　　D. 应该多为社会做贡献

（4）A. 女的阅读能力差　　　　　　B. 失败是有原因的
　　　C. 鼓励她不要放弃　　　　　　D. 换一种复习方法

（5）A. 不应该重视高考　　　　　　B. 家长应该多鼓励孩子
　　　C. 考试时不能紧张　　　　　　D. 高考不能决定孩子一生

（6）A. 要总结失败原因　　　　　　B. 一次失败不可怕
　　　C. 多参加比赛就能赢　　　　　D. 努力练习就能赢

口语练习 Speaking Drills

4 听后复述，并模仿造句。 🎧 14-7

Listen and retell. Imitate the structures to build new sentences.

（1）_____
（2）_____
（3）_____
（4）_____
（5）_____
（6）_____

5 看图说话。

Look and say.

（1）
穷

（2）
反对

对成功的理解
Understanding of success 14

（3）
失败

（4）
书法

（5）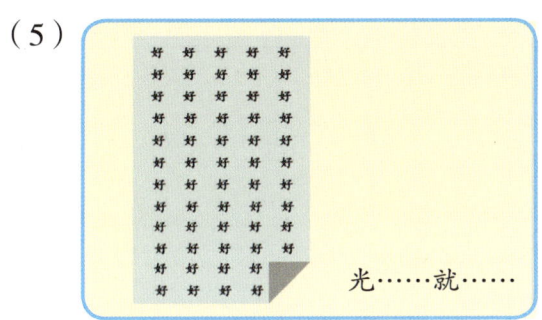
光……就……

（6）
遍

6　回答问题。
　　Answer the questions.

　　　　　Nǐ juéde shénme shì chénggōng?
（1）你觉得什么是成功？

_____

_____

　　　　　Nǐ juéde chénggōng hé qián yǒu shénme guānxì?
（2）你觉得成功和钱有什么关系？

_____

_____

　　　　　Nǐ rènwéi zěnyàng kěyǐ huòdé biérén de zūnzhòng?
（3）你认为怎样可以获得别人的尊重？

_____

_____

　　　　　Nǐ shì zěnyàng péiyǎng bìng jiānchí zìjǐ de xìngqù àihào de?
（4）你是怎样培养并坚持自己的兴趣爱好的？

_____

_____

（5）你认为失败对人的发展有好处吗？

_____

_____

（6）你怎么理解"欲速则不达"？

_____

_____

Lesson Fifteen

马上到端午节了
The Dragon Boat Festival is almost here

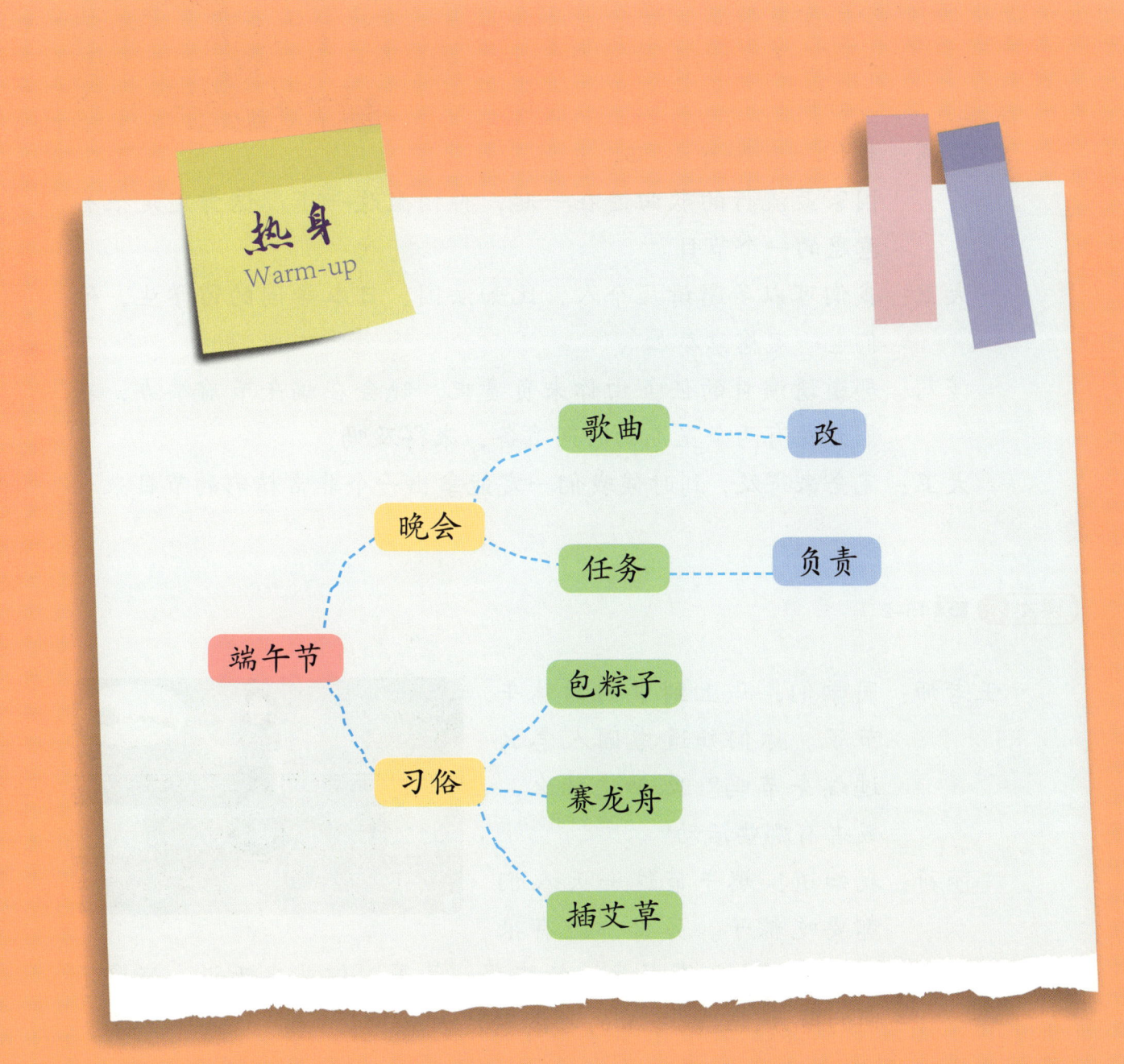

课文 Text

课文 1 15-1

莎莉：大卫，学校每年都举办留学生毕业晚会，今年咱们再表演一个节目吧。

大卫：好啊，那咱们表演个什么节目好呢？

莎莉：我们一起唱个歌吧，把各个国家最流行的歌曲连在一起，再稍微改一下。这肯定是很有意思的一个节目。

大卫：我们可以多邀请几个人，比如法国、日本等国的留学生，他们也一定愿意参加。

莎莉：那邀请演员的任务由你来负责吧。晚会在端午节前举办，我们大约有两个星期的时间准备，来得及吗？

大卫：完全来得及，到时候我们一定能拿出一个非常精彩的节目来。

课文 2 15-2

王老师：同学们，马上到中国的端午节了。你们知道中国人怎么过端午节吗？比如吃什么，或者有哪些活动？

莎莉：我知道！端午节这一天人们都要吃粽子。另外，还有很多活动，比如赛龙舟、插艾草，等等。但是我听说，好像不同的地方，过端午节的习俗不大一样。

王老师：是的，赛龙舟主要是在南方举行，因为南方江河比较多，这是由那个地方的特点决定的。粽子呢，无论东西南北都是要吃的。因为做法不一样，所以大约有几十种不同味道的粽子。插艾草也是家家都要做的。如果有机会的话，你们可以到中国人家里看看端午节是怎么过的。下次上课的时候，由莎莉给大家介绍一下她经历的端午节。

课文 ③ 15-3

端午节是中国的传统节日，今年的留学生毕业晚会在端午节前的那个周末举办。我们花了差不多两个星期的时间准备了一个节目，把几个国家最流行的歌连在一起唱，受到了大家的欢迎。

关于端午节的习俗，我们知道一些，但是只知道个大概。王老师上课的时候，给我们详细介绍了一些端午节的习俗和活动，比如粽子怎么包，有哪些味道，还有赛龙舟、插艾草等。老师说，有机会的话，最好能到中国人的家里看看端午节是怎么过的。

课文拼音 Texts in Pinyin

课文 1

Shālì: Dàwèi, xuéxiào měi nián dōu jǔbàn liúxuéshēng bìyè wǎnhuì, jīnnián zánmen zài biǎoyǎn yí gè jiémù ba.

Dàwèi: Hǎo a, nà zánmen biǎoyǎn gè shénme jiémù hǎo ne?

Shālì: Wǒmen yìqǐ chàng gè gē ba, bǎ gè gè guójiā zuì liúxíng de gēqǔ lián zài yìqǐ, zài shāowēi gǎi yíxià. Zhè kěndìng shì hěn yǒu yìsi de yí gè jiémù.

Dàwèi: Wǒmen kěyǐ duō yāoqǐng jǐ gè rén, bǐrú Fǎguó, Rìběn děng guó de liúxuéshēng, tāmen yě yídìng yuànyì cānjiā.

Shālì: Nà yāoqǐng yǎnyuán de rènwu yóu nǐ lái fùzé ba. Wǎnhuì zài Duānwǔ Jié qián jǔbàn, wǒmen dàyuē yǒu liǎng gè xīngqī de shíjiān zhǔnbèi, láidejí ma?

Dàwèi: Wánquán láidejí, dào shíhou wǒmen yídìng néng ná chū yí gè fēicháng jīngcǎi de jiémù lái.

课文 2 Wáng lǎoshī: Tóngxuémen, mǎshàng dào Zhōngguó de Duānwǔ Jié le. Nǐmen zhīdào Zhōngguórén zěnme guò Duānwǔ Jié ma? Bǐrú chī shénme, huòzhě yǒu nǎxiē huódòng?

Shālì: Wǒ zhīdào! Duānwǔ Jié zhè yì tiān rénmen dōu yào chī zòngzi. Lìngwài, hái yǒu hěn duō huódòng, bǐrú sài lóngzhōu, chā àicǎo, děngděng. Dànshì wǒ tīngshuō, hǎoxiàng bùtóng de dìfang, guò Duānwǔ Jié de xísú bú dà yíyàng.

Wáng lǎoshī: Shì de, sài lóngzhōu zhǔyào shì zài nánfāng jǔxíng, yīnwèi nánfāng jiāng hé bǐjiào duō, zhè shì yóu nàge dìfang de tèdiǎn juédìng de. Zòngzi ne, wúlùn dōng xī nán běi, dōu shì yào chī de. Yīnwèi zuòfǎ bù yíyàng, suǒyǐ dàyuē yǒu jǐ shí zhǒng bùtóng wèidào de zòngzi. Chā àicǎo yě shì jiājiā dōu yào zuò de. Rúguǒ yǒu jīhuì de huà, nǐmen kěyǐ dào Zhōngguórén jiāli kànkan Duānwǔ Jié shì zěnme guò de. Xiàcì shàngkè de shíhou, yóu Shālì gěi dàjiā jièshào yíxià tā jīnglì de Duānwǔ Jié.

课文 3 Duānwǔ Jié shì Zhōngguó de chuántǒng jiérì, jīnnián de liúxuéshēng bìyè wǎnhuì zài Duānwǔ Jié qián de nàge zhōumò jǔbàn. Wǒmen huāle chābuduō liǎng gè xīngqī de shíjiān zhǔnbèile yí gè jiémù, bǎ jǐ gè guójiā zuì liúxíng de gē lián zài yìqǐ chàng, shòudàole dàjiā de huānyíng.

Guānyú Duānwǔ Jié de xísú, wǒmen zhīdào yìxiē, dànshì zhǐ zhīdào gè dàgài. Wáng lǎoshī shàngkè de shíhou, gěi wǒmen xiángxì jièshàole yìxiē Duānwǔ Jié de xísú hé huódòng, bǐrú zòngzi zěnme bāo, yǒu nǎxiē wèidào, hái yǒu sài lóngzhōu hé chā àicǎo děng. Lǎoshī shuō, yǒu jīhuì de huà, zuìhǎo néng dào Zhōngguórén de jiāli kànkan Duānwǔ Jié shì zěnme guò de.

生词 New Words

*歌曲	gēqǔ	n.	song
改	gǎi	v.	to change
由	yóu	prep.	by (sb.)

15 马上到端午节了
The Dragon Boat Festival is almost here

续表

负责	fùzé	v.	to be in charge of
*粽子	zòngzi	n.	*zongzi*, sticky rice dumpling
*赛	sài	v.	to compete
*龙舟	lóngzhōu	n.	dragon boat
*插	chā	v.	to insert, to stick in
*艾草	àicǎo	n.	Chinese mugwort (*Artemisia argyi*)
包（粽子）	bāo (zòngzi)	v.	to wrap, to make (*zongzi*)

专有名词 Proper Nouns

*法国	Fǎguó	France
*日本	Rìběn	Japan
*端午节	Duānwǔ Jié	Dragon Boat Festival

语法点 Language Points

1 "由"：介词，引出动作的发出者，表示某事归某人去做。例如：
"由" is a preposition used to introduce the originator of an action. It indicates that a certain thing is or must be done by a certain person. For example:

这些家具都是由房东提供的。
现在由你来介绍一下我们学校。

也可以构成"由……决定"的句子。例如：
It can also constitute sentences with "由……决定". For example:
我们的成绩好不好是由自己决定的。
端午节的一些习俗是由那个地方的特点决定的。

2 "大约"：副词，表示对数量、时间的不精确的估计。例如：
"大约" is an adverb which expresses an estimation regarding time or amounts. For example:

137

HSK 标准会话教程4（下）
Standard Conversational Course 4 (B)

这个房子大约卖了三十万块钱。
大约有两千人参加了运动会。
开会的时间大约是三点半。

练习 Drills

听力练习 Listening Drills

1 听课文，回答问题。 🎧 15-4
Listen to the texts and answer the questions.

(1) 莎莉建议大家表演一个什么节目？
　　Shālì jiànyì dàjiā biǎoyǎn yí gè shénme jiémù?

(2) 大卫的任务是什么？
　　Dàwèi de rènwu shì shénme?

(3) 中国人过端午节会吃什么？会做什么？
　　Zhōngguó rén guò Duānwǔ Jié huì chī shénme? Huì zuò shénme?

(4) 为什么赛龙舟通常在南方举行？
　　Wèi shénme sài lóngzhōu tōngcháng zài nánfāng jǔxíng?

(5) 过端午节时，家家都要做什么？
　　Guò Duānwǔ Jié shí, jiājiā dōu yào zuò shénme?

(6) 老师给莎莉安排了什么任务？
　　Lǎoshī gěi Shālì ānpáile shénme rènwù?

2 听句子，判断对错。 🎧 15-5
Listen to the following sentences and tell whether they are true or false.

(1) 南北方人过端午节时吃的粽子味道不一样。　　　　（　　）
(2) 莎莉五点才到首都机场。　　　　　　　　　　　　（　　）
(3) 大卫负责包粽子。　　　　　　　　　　　　　　　（　　）
(4) 节目的表演顺序是由同学们自己决定的。　　　　　（　　）
(5) 端午节是中国四大传统节日之一。　　　　　　　　（　　）
(6) 赛龙舟是端午节时非常重要、非常热闹的活动。　　（　　）

3 听录音，选择正确答案。 🎧 15-6
Listen to the recordings and choose the correct answers.

(1) A. 担心时间太短练不好　　　B. 毕业晚会马上开始了
　　C. 下个星期练习来得及　　　D. 唱歌的人太多没意思

138

（2）A. 可让房间变香　　　　　B. 可以做成吃的
　　　C. 可以当作药物　　　　　D. 希望家人幸福
（3）A. 蓝色　　　　　　　　　B. 白色
　　　C. 黑色　　　　　　　　　D. 红色
（4）A. 饺子　　　　　　　　　B. 面条
　　　C. 粽子　　　　　　　　　D. 月饼
（5）A. 他不想改编歌曲　　　　B. 这个节目很无聊
　　　C. 他想重新写歌词　　　　D. 想请女的来改编
（6）A. 自己包粽子寄给家人　　B. 去邮局给家人寄粽子
　　　C. 上网给家人买粽子　　　D. 去邮局问邮寄规定

口语练习 Speaking Drills

4 听后复述，并模仿造句。 15-7

Listen and retell. Imitate the structures to build new sentences.

（1）_____
（2）_____
（3）_____
（4）_____
（5）_____
（6）_____

5 看图说话。

Look and say.

（1）
赛龙舟

（2）
晚会

（3）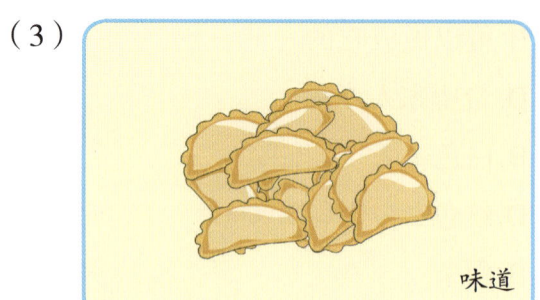
味道

（4）
包

（5）
插

（6）
负责

6 回答问题。

Answer the questions.

（1）请你简单介绍一下端午节。
Qǐng nǐ jiǎndān jièshào yíxià Duānwǔ Jié.

_____

_____

（2）你的国家有纪念某个人的节日吗？如果有，请介绍一下。
Nǐ de guójiā yǒu jìniàn mǒu gè rén de jiérì ma? Rúguǒ yǒu, qǐng jièshào yíxià.

_____

_____

（3）你在什么晚会上表演过什么节目？
Nǐ zài shénme wǎnhuì shang biǎoyǎnguo shénme jiémù?

_____

_____

（4）如果让你组织一场毕业晚会，你都会做些什么？
Rúguǒ ràng nǐ zǔzhī yì chǎng bìyè wǎnhuì, nǐ dōu huì zuò xiē shénme?

_____

_____

Qǐng nǐ jièshào yíxià nǐ cānjiāguo de yí gè jiérì huódòng.
（5）请你介绍一下你参加过的一个节日活动。

_____

_____

Qǐng shuō yíxià nǐ de guójiā de qìhòu tèdiǎn.
（6）请说一下你的国家的气候特点。

_____

_____

16 Lesson Sixteen

Wǒ zū fáng le
我租房了
I'm renting a place

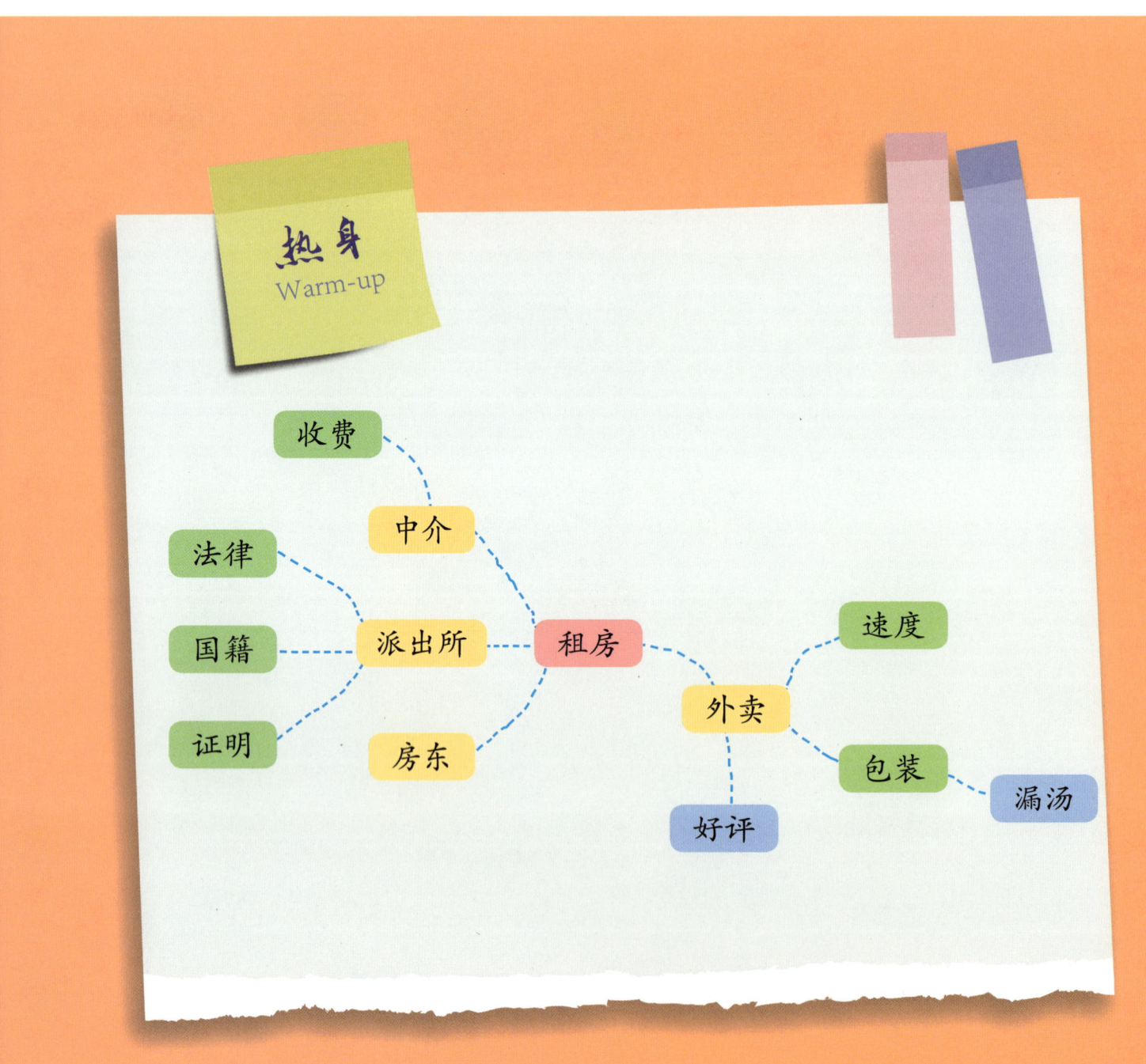

课文 Text

课文 1 16-1

大卫：尼克，我不想住在学校里，打算在学校附近租个房子。你说是直接联系房东好，还是通过中介比较好？

尼克：租房是一件挺复杂的事情，需要有点儿耐心才行。如果想直接联系房东租房，一是不容易找到房东，二是不一定找得到符合自己要求的房子。以我的经验，最好还是通过中介，不仅能帮你找到满意的房子，又不浪费时间，还能保证安全。

大卫：通过中介租房肯定要收费的吧？怎么判断中介有没有多收费呢？

尼克：这个你可以放心，中介公司都有自己的收费标准。

大卫：对于外国国籍的人租房，有什么需要特别注意的吗？

尼克：按照中国的法律规定，外国人租房需要带着护照等证明材料到派出所申请。我们一定要按照法律规定来做，再说这也是为了我们自己的安全。

课文 2 16-2

尼克：大卫，你租到房了吧，怎么样啊？

大卫：房子很好，干净、安静，离学校也不远，我很喜欢。就是周围的商店和餐厅不太多，不过大部分东西我都可以通过网购买到，有时候自己不想做饭，也可以叫外卖。

尼克：我觉得叫外卖挺好的呀，不仅可以选择多种不同味道的饭菜，还省了买菜做饭和洗碗的时间。要是遇到餐厅有活动，还可以省不少钱呢。对于像你这样一个人住的人来说，可是方便得很啊。

大卫：是啊，而且他们送餐的速度实在是太快了。所以每次收到外卖之后，我都会在服务评价栏给外卖小哥最高分。

尼克：你真是太好了！有一次我收到的菜因为没有包装好而漏出来一些汤，外卖小哥向我道歉了。我看饭菜不影响吃，再说他也不是故意的，我就原谅了他，还给了他好评。

大卫：那些外卖小哥、快递小哥挺不容易的，他们用自己的辛苦给我们带来了简单、快乐的生活，真的应该感谢他们！

课文 3 16-3

在中国，大学生们一般都住在学校，但也有人选择在外面租房。上学期我就想在校外租房，不仅能更方便地了解中国人的生活，也许还能更好地练习中文呢。

尼克告诉我，租房是件挺复杂的事，可以直接联系房东，也可以通过中介来租。他觉得通过中介租房虽然要付一定的中介费，但是不仅节约时间，还能保证安全。另外，外国人租房，还需要带上护照等材料到派出所提出申请，警察会记录下租房双方的信息，这样就更安全了。

上周末，我终于搬进了自己的新"家"，它干净、安静，就是周围的商店和餐厅不太多。不想做饭的时候，我一般都是叫外卖。有了快递和外卖，生活变得更简单、更快乐了！

我租房了
I'm renting a place 16

课文拼音 Texts in Pinyin

课文 1

Dàwèi: Níkè, wǒ bù xiǎng zhù zài xuéxiào li, dǎsuàn zài xuéxiào fùjìn zū ge fángzi. Nǐ shuō shì zhíjiē liánxì fángdōng hǎo, háishi tōngguò zhōngjiè bǐjiào hǎo?

Níkè: Zū fáng shì yí jiàn tǐng fùzá de shìqing, xūyào yǒudiǎnr nàixīn cái xíng. Rúguǒ xiǎng zhíjiē liánxì fángdōng zū fáng, yī shì bù róngyì zhǎodào fángdōng, èr shì bù yídìng zhǎo de dào fúhé zìjǐ yāoqiú de fángzi. Yǐ wǒ de jīngyàn, zuìhǎo háishi tōngguò zhōngjiè, bùjǐn néng bāng nǐ zhǎodào mǎnyì de fángzi, yòu bú làngfèi shíjiān, hái néng bǎozhèng ānquán.

Dàwèi: Tōngguò zhōngjiè zū fáng kěndìng yào shōu fèi de ba? Zěnme pànduàn zhōngjiè yǒu méi yǒu duō shōu fèi ne?

Níkè: Zhège nǐ kěyǐ fàngxīn, zhōngjiè gōngsī dōu yǒu zìjǐ de shōu fèi biāozhǔn.

Dàwèi: Duìyú wàiguó guójí de rén zū fáng, yǒu shénme xūyào tèbié zhùyì de ma?

Níkè: Ànzhào Zhōngguó de fǎlǜ guīdìng, wàiguó rén zū fáng xūyào dàizhe hùzhào děng zhèngmíng cáiliào dào pàichūsuǒ shēnqǐng. Wǒmen yídìng yào ànzhào fǎlǜ guīdìng lái zuò, zàishuō zhè yě shì wèile wǒmen zìjǐ de ānquán.

课文 2

Níkè: Dàwèi, nǐ zūdào fáng le ba, zěnmeyàng a?

Dàwèi: Fángzi hěn hǎo, gānjìng, ānjìng, lí xuéxiào yě bù yuǎn, wǒ hěn xǐhuan. Jiù shì zhōuwéi de shāngdiàn hé cāntīng bú tài duō, búguò dàbùfen dōngxi wǒ dōu kěyǐ tōngguò wǎnggòu mǎidào, yǒu shíhou zìjǐ bù xiǎng zuòfàn, yě kěyǐ jiào wàimài.

Níkè: Wǒ juéde jiào wàimài tǐng hǎo de ya, bùjǐn kěyǐ xuǎnzé duō zhǒng bùtóng wèidào de fàncài, hái shěngle mǎi cài zuòfàn hé xǐ wǎn de shíjiān. Yàoshi yùdào cāntīng yǒu huódòng, hái kěyǐ shěng bù shǎo qián ne. Duìyú xiàng nǐ zhèyàng yí ge rén zhù de rén láishuō, kěshì fāngbiàn de hěn a.

Dàwèi: Shì a, érqiě tāmen sòngcān de sùdù shízài shì tài kuài le. Suǒyǐ měi cì shōudào wàimài zhīhòu, wǒ dōu huì zài fúwù píngjià lán gěi wàimài xiǎogē zuì gāo fēn.

Níkè: Nǐ zhēn shì tài hǎo le! Yǒu yí cì wǒ shōudào de cài yīnwèi méiyǒu bāozhuāng hǎo ér lòu chūlái yìxiē tāng, wàimài xiǎogē xiàng wǒ dàoqiàn le. Wǒ kàn fàncài bù yǐngxiǎng chī, zàishuō tā yě bú shì gùyì de, wǒ jiù yuánliàngle tā, hái gěile tā hǎopíng.

Dàwèi: Nàxiē wàimài xiǎogē, kuàidì xiǎogē tǐng bù róngyì de, tāmen yòng zìjǐ de xīnkǔ gěi wǒmen dàiláile jiǎndān, kuàilè de shēnghuó, zhēn de yīnggāi gǎnxiè tāmen!

课文 3

Zài Zhōngguó, dàxuéshēngmen yìbān dōu zhùzài xuéxiào, dàn yě yǒu rén xuǎnzé zài wàimiàn zū fáng. Shàng xuéqī wǒ jiù xiǎng zài xiàowài zū fáng, bùjǐn néng gèng fāngbiàn de liǎojiě Zhōngguórén de shēnghuó, yěxǔ hái néng gèng hǎo de liànxí Zhōngwén ne.

Níkè gàosu wǒ, zū fáng shì jiàn tǐng fùzá de shì, kěyǐ zhíjiē liánxì fángdōng, yě kěyǐ tōngguò zhōngjiè lái zū. Wǒ juéde tōngguò zhōngjiè zū fáng suīrán yào fù yídìng de zhōngjiè fèi, dànshì bùjǐn jiéyuē shíjiān, hái néng bǎozhèng ānquán. Lìngwài, wàiguó rén zū fáng, hái xūyào dàishang hùzhào děng cáiliào dào pàichūsuǒ tíchū shēnqǐng, jǐngchá huì jìlù xià zū fáng shuāngfāng de xìnxī, zhèyàng jiù gèng ānquán le.

Shàng zhōumò, wǒ zhōngyú bānjìnle zìjǐ de xīn "jiā", tā gānjìng, ānjìng, jiù shì zhōuwéi de shāngdiàn hé cāntīng bú tài duō. Bù xiǎng zuòfàn de shíhou, wǒ yìbān dōu shì jiào wàimài. Yǒule kuàidì hé wàimài, shēnghuó biàn de gèng jiǎndān, gèng kuàilè le!

生词 New Words

*中介	zhōngjiè	n.	agency
*收费	shōufèi	v.	to charge
国籍	guójí	n.	nationality, citizenship
法律	fǎlǜ	n.	law
证明	zhèngmíng	v.	to prove
*派出所	pàichūsuǒ	n.	police station
*外卖	wàimài	n.	takeout
速度	sùdù	n.	speed
*包装	bāozhuāng	v.	to package
*漏	lòu	v.	to leak, to drip
汤	tāng	n.	soup
道歉	dàoqiàn	v.	to apologize
故意	gùyì	adv.	intentionally, on purpose
原谅	yuánliàng	v.	to forgive
*好评	hǎopíng	n.	(*on websites and apps*) like, favorable comment
*记录	jìlù	v.	to record, to keep an account of
*双方	shuāngfāng	n.	both sides

我租房了 I'm renting a place 16

语法点 Language Points

1 "通过"：介词，以人或事物作为媒介或手段，从而达到某种目的。"通过……"可用在主语前，有停顿。例如：

"通过" is a preposition used to indicate the person or thing that acts as a medium or means to reach a certain purpose. When "通过……" is used in front of the subject, it is followed by a pause. For example:

我们通过翻译交谈了半个小时。
通过什么方式我才能见到他呢？
通过导游介绍，我们了解了这里的历史。

2 "不仅……，还……"：表示递进关系，后一分句比前一分句的意思更进一层。两个分句用同一个主语时，"还"可以放在后一个分句的开头；用不同的主语时，"还"可以放在后一个分句的中间。例如：

"不仅……，还……" expresses an advancement, with the succeeding clause going a level further from the preceding one. When the two clauses have the same subject, "还" can be used at the beginning of the succeeding clause; when the subjects differ, "还" can be used in the middle of the succeeding clause. For example:

读书不仅可以增长知识，还可以放松心情。
她不仅喜欢玫瑰，还喜欢竹子。
这种花不仅能泡茶，泡的茶味道还很好。

3 "对于"：介词，表示人、事物、行为之间的对待关系，多跟名词组合成介词短语。介词短语可用在主语后，还可用在主语前，有停顿。例如：

"对于" is a preposition used in combination with nouns to indicate the position of a person, a thing and an action in relation with one another. It can be used both in front of and after the subject. When used in front of the subject, it is followed by a pause. For example:

对于工作他一向非常认真。
早睡早起，对于年轻人来说没那么容易做到。
对于这个问题，大家的看法是一样的。

4 "再说"：连词，表示推进一层，进一步说明。例如：

"再说" is a conjunction used to advance further, to provide a further explanation. For example:

我身体不舒服，不想去爬长城，再说今天天气也不太好。

去约她，已经来不及了，再说她也不一定愿意去。

时间太晚了，现在不去找他了，再说他也不一定在家。

练习 Drills

听力练习 Listening Drills

1 听课文，回答问题。 🎧 16-4

Listen to the texts and answer the questions.

(1) 尼克认为自己找房子有什么不好？

(2) 通过中介租房好不好？为什么？

(3) 外国人在中国租房有什么需要特别注意的事情？

(4) 大卫觉得租到的房子怎么样？

(5) 尼克认为外卖有哪些优点？

(6) 尼克为什么原谅了外卖小哥，还给了他好评？

2 听句子，判断对错。 🎧 16-5

Listen to the following sentences and tell whether they are true or false.

(1) 我不想住学校，所以租了房。　　　　　　　　　　　　　（　　）

(2) 因为房费比较高，所以我和别人一起租了房。　　　　　　（　　）

(3) 外国人租房比中国人租房更复杂。　　　　　　　　　　　（　　）

(4) 餐厅的饭没有自己做的好吃。　　　　　　　　　　　　　（　　）

(5) 外卖的一次性盒子是一种浪费。　　　　　　　　　　　　（　　）

(6) 外卖小哥工作很辛苦。　　　　　　　　　　　　　　　　（　　）

我租房了
I'm renting a place 16

3 听录音，选择正确答案。 🎧 16-6

Listen to the recordings and choose the correct answers.

（1）A. 房屋中介　　　　　　　B. 商店老板
　　　C. 出租车司机　　　　　　D. 餐厅服务员

（2）A. 自己做饭水平不高　　　　B. 经常看科技类节目
　　　C. 自己做饭不如叫外卖　　　D. 一有时间就自己做饭

（3）A. 街道附近的　　　　　　　B. 上班方便的
　　　C. 没有窗户的　　　　　　　D. 有电梯的

（4）A. 跟孩子一起生活　　　　　B. 跟妻子一起生活
　　　C. 自己一个人生活　　　　　D. 跟父母一起生活

（5）A. 商店　　　　　　　　　　B. 超市
　　　C. 学校　　　　　　　　　　D. 餐厅

（6）A. 快递小哥应该道个歉　　　B. 他应该批评快递小哥
　　　C. 他应该原谅快递小哥　　　D. 公司批评了快递小哥

口语练习 Speaking Drills

4 听后复述，并模仿造句。 🎧 16-7

Listen and retell. Imitate the structures to build new sentences.

（1）_____

（2）_____

（3）_____

（4）_____

（5）_____

（6）_____

5 看图说话。

Look and say.

（1）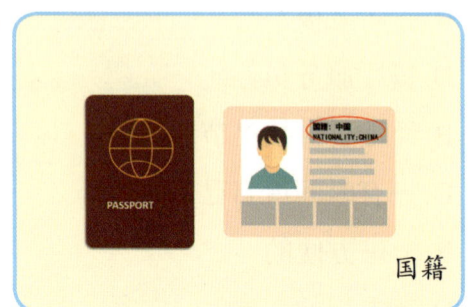
国籍

（2）
汤

（3）
速度

（4）
收费

（5）
故意

（6）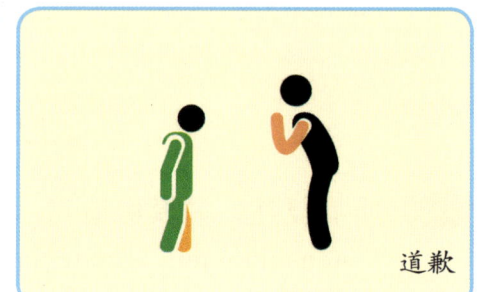
道歉

6 回答问题。

Answer the questions.

Nǐ xǐhuan zhù zài xuéxiào li háishi xiàowài?
（1）你喜欢住在学校里还是校外？

_____

_____

Nǐ xǐhuan zuòfàn ma? Wèi shénme?
（2）你喜欢做饭吗？为什么？

_____

_____

我租房了
I'm renting a place 16

　　　　　Qǐng jièshào yíxià nǐ de xiàoyuán shēnghuó.
（3）请介绍一下你的校园生活。

_____

_____

　　　　　Nǐ jīngcháng jiào wàimài ma?
（4）你经常叫外卖吗？

_____

_____

　　　　　Zū fángzi shí, nǐ shì xiǎng zìjǐ zhù háishi yǔ tārén hézū?
（5）租房子时，你是想自己住还是与他人合租？

_____

_____

　　　　　Qǐng jièshào yíxià nǐ jiā zhōuwéi de qíngkuàng.
（6）请介绍一下你家周围的情况。

_____

_____

17 Lesson Seventeen

Ràng wǒ de fángjiān biàn gè yàng
让我的房间变个样
Giving my room a new look

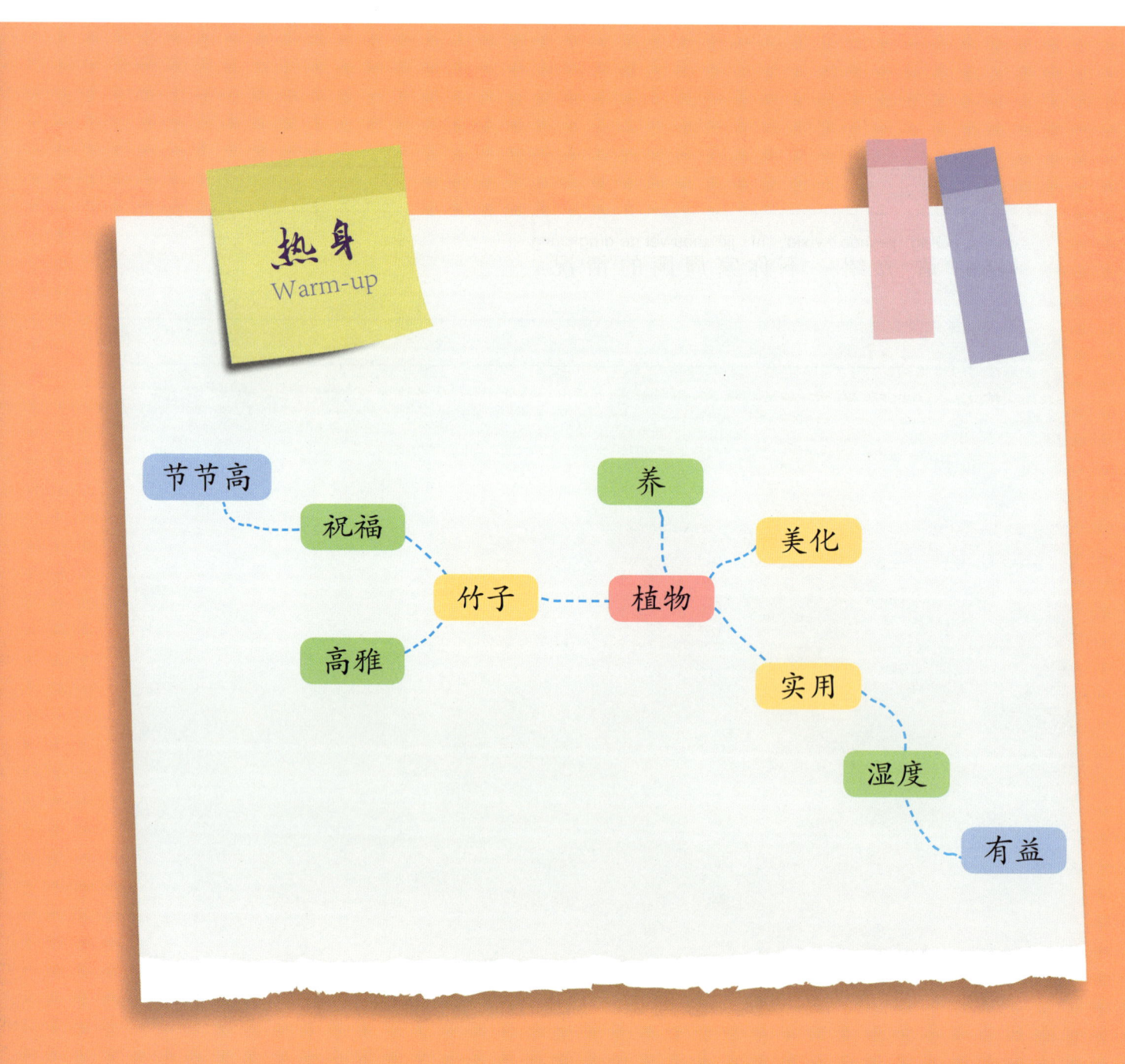

17 让我的房间变个样
Giving my room a new look

课文 Text

课文 1 17-1

大卫：莎莉，你的家里有这么多绿色植物，真好看！

莎莉：对啊，我很喜欢养植物，这些是上个礼拜天专门去超市买的。

大卫：眼前的绿色让人心情一下子就好起来了。

莎莉：这里气候比较干燥，在房间里种些植物就再合适不过了。这些植物不仅可以增加空气湿度，同时还可以美化环境。再说照顾照顾植物也可以让生活变得更有乐趣。

大卫：它们好养吗？

莎莉：不同的花草，养法也不一样。有的喜欢阳光，有的受不了温度太低，有的需要经常换水。

大卫：看来要把这些花草照顾好还挺不容易的。既然养花有这么多好处，我也决定要养一些。

课文 2 17-2

大卫：莎莉，我想请教一下，要是有朋友搬家，该送什么礼物好呢？

莎莉：那就看你怎么想了，可以送美化房间的，例如字画呀；也可以送比较实用的，例如盘子和碗；当然也可以送最直接的，例如红包。

大卫：有没有什么既有美化作用、又实用的东西呢？

莎莉：那你送点绿植就再合适不过了，不仅能美化房间，又能增加空气湿度，同时还有祝福的意思。

大卫：既然这样，那就送绿植吧。哪一种绿植比较好呢？

莎莉：中国有一句诗是"不可居无竹"。朋友搬家你送竹子，祝朋友的生活像竹子一样节节向上节节高，既高雅，又有文化。

大卫：听你这么一说，我一下子明白该送什么了。

课文 3 17-3

今天，我来到了莎莉的家。她真是一个爱生活、懂生活的人。一进她的房间，就看到满眼的绿色。她养了好几种植物，有的叶多，有的叶厚，有的花香，各不相同。莎莉告诉我，房间里多种上一些绿色植物，不但可以美化房间，还能起到增加空气湿度的作用，确实是有益健康的。

莎莉还告诉了我关于送礼物的知识。朋友搬家，她建议我送竹子，既高雅，又有祝福的意思。我打算去买两棵竹子，一棵送给朋友，一棵留给自己，让我的房间变个样。

课文拼音 Texts in Pinyin

课文 1　Dàwèi: Shālì, nǐ de jiā li yǒu zhème duō lǜsè zhíwù, zhēn hǎokàn!
　　　　　Shālì: Duì a, wǒ hěn xǐhuan yǎng zhíwù, zhèxiē shì shàng gè lǐbàitiān zhuānmén qù chāoshì mǎi de.
　　　　　Dàwèi: Yǎnqián de lǜsè ràng rén xīnqíng yí xiàzi jiù hǎo qǐlái le.
　　　　　Shālì: Zhèli qìhòu bǐjiào gānzào, zài fángjiān li zhòng xiē zhíwù jiù zài héshì búguò le. Zhèxiē zhíwù bùjǐn kěyǐ zēngjiā kōngqì shīdù, tóngshí hái kěyǐ měihuà huánjìng. Zàishuō zhàogù zhàogù zhíwù yě kěyǐ ràng shēnghuó biàn de gèng yǒu lèqù.
　　　　　Dàwèi: Tāmen hǎo yǎng ma?

让我的房间变个样
Giving my room a new look 17

Shālì: Bùtóng de huācǎo, yǎng fǎ yě bù yíyàng. Yǒu de xǐhuan yángguāng, yǒude shòu bù liǎo wēndù tài dī, yǒude xūyào jīngcháng huàn shuǐ.

Dàwèi: Kànlái yào bǎ zhèxiē huācǎo zhàogù hǎo hái tǐng bù róngyì de. Jìrán yǎng huā yǒu zhème duō hǎochù, wǒ yě juédìng yào yǎng yìxiē.

课文 2

Dàwèi: Shālì, wǒ xiǎng qǐngjiào yíxià, yàoshi yǒu péngyou bānjiā, gāi sòng shénme lǐwù hǎo ne?

Shālì: Nà jiù kàn nǐ zěnme xiǎng le, kěyǐ sòng měihuà fángjiān de, lìrú zìhuà ya; yě kěyǐ sòng bǐjiào shíyòng de, lìrú pánzi hé wǎn; dāngrán yě kěyǐ sòng zuì zhíjiē de, lìrú hóngbāo.

Dàwèi: Yǒu méi yǒu shénme jì yǒu měihuà zuòyòng, yòu shíyòng de dōngxi ne?

Shālì: Nà nǐ sòng diǎn lǜzhí jiù zài héshì búguò le, bùjǐn néng měihuà fángjiān, yòu néng zēngjiā kōngqì shīdù, tóngshí hái yǒu zhùfú de yìsi.

Dàwèi: Jìrán zhèyàng, nà jiù sòng lǜzhí ba. Nǎ yì zhǒng lǜzhí bǐjiào hǎo ne?

Shālì: Zhōngguó yǒu yí jù shī shì "bù kě jū wú zhú". Péngyou bānjiā nǐ sòng zhúzi, zhù péngyou de shēnghuó xiàng zhúzi yíyàng jiéjié xiàng shàng jiéjié gāo, jì gāoyǎ, yòu yǒu wénhuà.

Dàwèi: Tīng nǐ zhème yì shuō, wǒ yíxiàzi míngbai gāi sòng shénme le.

课文 3

Jīntiān, wǒ láidàole Shālì de jiā. Tā zhēn shì yí gè ài shēnghuó, dǒng shēnghuó de rén. Yí jìn tā de fángjiān, jiù kàndào mǎn yǎn de lǜsè. Tā yǎngle hǎo jǐ zhǒng zhíwù, yǒude yè duō, yǒude yè hòu, yǒude huā xiāng, gè bù xiāngtóng. Shālì gàosu wǒ, fángjiān li duō zhòng shang yìxiē lǜsè zhíwù, búdàn kěyǐ měihuà fángjiān, hái néng qǐdào zēngjiā kōngqì shīdù de zuòyòng, quèshí shì yǒuyì jiànkāng de.

Shālì hái gàosule wǒ guānyú sòng lǐwù de zhīshi. Péngyou bānjiā, tā jiànyì wǒ sòng zhúzi, jì gāoyǎ, yòu yǒu zhùfú de yìsi. Wǒ dǎsuàn qù mǎi liǎng kē zhúzi, yì kē sòng gěi péngyou, yì kē liú gěi zìjǐ, ràng wǒ de fángjiān biàn gè yàng.

生词 New Words

养	yǎng	v.	to grow, to raise
气候	qìhòu	n.	climate
*干燥	gānzào	adj.	dry
*湿度	shīdù	n.	humidity
*美化	měihuà	v.	to beautify, to prettify
温度	wēndù	n.	temperature

155

续表

低	dī	adj.	low
例如	lìrú	v.	for example
*实用	shíyòng	adj.	practical, practicable
*祝福	zhùfú	v.	to wish happiness
*不可居无竹	bù kě jū wú zhú		Cannot live in a place without bamboo (*a line from a poem by Su Shi, a Song dynasty poet*)
*竹子	zhúzi	n.	bamboo
*高雅	gāoyǎ	adj.	elegant
满	mǎn	adj.	full
叶	yè	n.	leaf
*有益	yǒuyì	adj.	beneficial

语法点 Language Points

1 "一下子"：表示动作行为在短时间内迅速发生，或者事物的状态在短时间内迅速地、一次性地发生改变。有时也可以省略为"一下"。例如：

"一下子" indicates that the act takes place very quickly or that the state of a thing goes through a one-time, quick change. Sometimes it may also be used as "一下". For example:

听到电话铃响，他一下子就站起来了。

秋天到了，树叶一下子就黄了，天气一下子就凉了。

没想到，这么难的问题，他居然一下子就明白了。

2 "再……不过"：表示程度最高，相当于"没有比……更……"。"不过"用在形容词后面。例如：

"再……不过" indicates the highest level, equivalent to "没有比……更……". "不过" is used after the adjective. For example:

冬天里能去滑雪，那是再好不过的了。

这件衣服穿在妹妹身上，是再合适不过的了。

我在那里生活了几十年，对那里的情况再熟悉不过了。

让我的房间变个样 17
Giving my room a new look

3 "同时"：连词，表示并列关系。"同时"用于后一分句前，后一分句比前一分句的意思进一层，常常与"也""又"等配合使用。例如：

"同时" is a conjunction which indicates a juxtaposition. It is used at the beginning of the succeeding clause to indicate that the meaning goes a level further. "同时" is often used together with "也""又", etc. For example:

这是非常重要的任务，同时又是非常艰巨的任务。
他是一名优秀的教师，同时也是一位有名的作家。
这篇论文分析了大量材料，同时也进行了详细的解释。

4 "既然"：连词，用在前一小句，后一小句往往有"就""也""还"跟它呼应，表示先对现实或已有的结论予以承认，而后再进一步做出判断。前后两小句主语相同时，"既然"一般在主语后；前后两小句主语不同时，"既然"一般在主语前。例如：

"既然" is a conjunction used in the preceding clause and often complemented by "就""也""还" in the succeeding clause when the speaker first acknowledges the reality or an existing conclusion and then makes a further judgement. When the two clauses have the same subject, "既然" is usually used after the subject; when the subjects differ, "既然" is usually used before the subject. For example:

他既然生病了，就好好休息吧。
既然你一定要去，我也就不反对了。
既然她都道歉了，你就原谅她吧。

练习 Drills

听力练习 Listening Drills

1 听课文，回答问题。 🎧 17-4
Listen to the texts and answer the questions.

（1）大卫所说的"眼前的绿色"指的是什么？
Dàwèi suǒshuō de "yǎnqián de lǜsè" zhǐ de shì shénme?

（2）在房间里种些植物有什么好处？
Zài fángjiān li zhǒng xiē zhíwù yǒu shénme hǎochù?

（3）为什么大卫觉得照顾好花草不容易？
Wèi shénme Dàwèi juéde zhàogù hǎo huācǎo bù róngyì?

　　　　　　　　Rúguǒ xiǎng sòng bǐjiào shíyòng de lǐwù,　Shālì　jiànyì sòng shénme?
（4）如果 想 送 比较 实用 的 礼物， 莎莉 建议 送 什么？

　　　　　　Shālì　wèi shénme juéde sòng lǜzhí zuì héshì?
（5）莎莉 为 什么 觉得 送 绿植 最 合适？

　　　　　　Shālì　jiànyì sòng nǎ zhǒng lǜzhí?　Wèi shénme?
（6）莎莉 建议 送 哪 种 绿植？ 为 什么？

2 听句子，判断对错。　🎧 17-5

Listen to the following sentences and tell whether they are true or false.

（1）在秋天，每下一次雨，天气都会变得更冷。　　　　　　（　）

（2）我爷爷对北京再熟悉不过了。　　　　　　　　　　　　（　）

（3）中国人认为竹子是高雅的植物。　　　　　　　　　　　（　）

（4）我喜欢喝加了奶和糖的咖啡。　　　　　　　　　　　　（　）

（5）中国人最愿意送红包。　　　　　　　　　　　　　　　（　）

（6）中国北方的气候比较干燥。　　　　　　　　　　　　　（　）

3 听录音，选择正确答案。　🎧 17-6

Listen to the recordings and choose the correct answers.

（1）A.男的很喜欢养花　　　　B.男的从来没养过花
　　　C.绿植不太好养　　　　　D.养花会让心情变好

（2）A.要先了解朋友　　　　　B.贵的礼物更好
　　　C.想陪在朋友身边　　　　D.选实用的礼物

（3）A.很多中国人喜欢竹子　　B.现在没人在家种竹子了
　　　C.竹子代表的意思很好　　D.以前有很多人家种竹子

（4）A.想养可爱的植物　　　　B.常忘了给植物浇水
　　　C.想买好看的植物　　　　D.想把植物送给女的

（5）A.小动物很可爱　　　　　B.想养一只动物
　　　C.植物让人安静　　　　　D.不希望被打扰

（6）A.养绿植是很简单的　　　B.要经常给植物换水
　　　C.在房间的瓶子里装水　　D.绿植可以让皮肤舒服

让我的房间变个样
Giving my room a new look 17

口语练习 Speaking Drills

4 听后复述，并模仿造句。 🎧 17-7
Listen and retell. Imitate the structures to build new sentences.

（1）_____
（2）_____
（3）_____
（4）_____
（5）_____
（6）_____

5 看图说话。
Look and say.

（1）
绿植

（2）
温度

（3）
干燥

（4）
祝福

（5）
高雅

（6）
美化

6 回答问题。
Answer the questions.

(1) 你喜欢养花吗？

(2) 你养过什么植物？

(3) 你会怎样装饰你的房间？

(4) 如果你的朋友搬家了，你会送什么礼物？

(5) 你知道哪些植物可以表示特别的意思？

(6) 在你的国家，人们最喜欢的植物是什么？

18 Lesson Eighteen

Wǒmen de Zhōnghuá wénhuà kè
我们的中华文化课
Our Chinese culture class

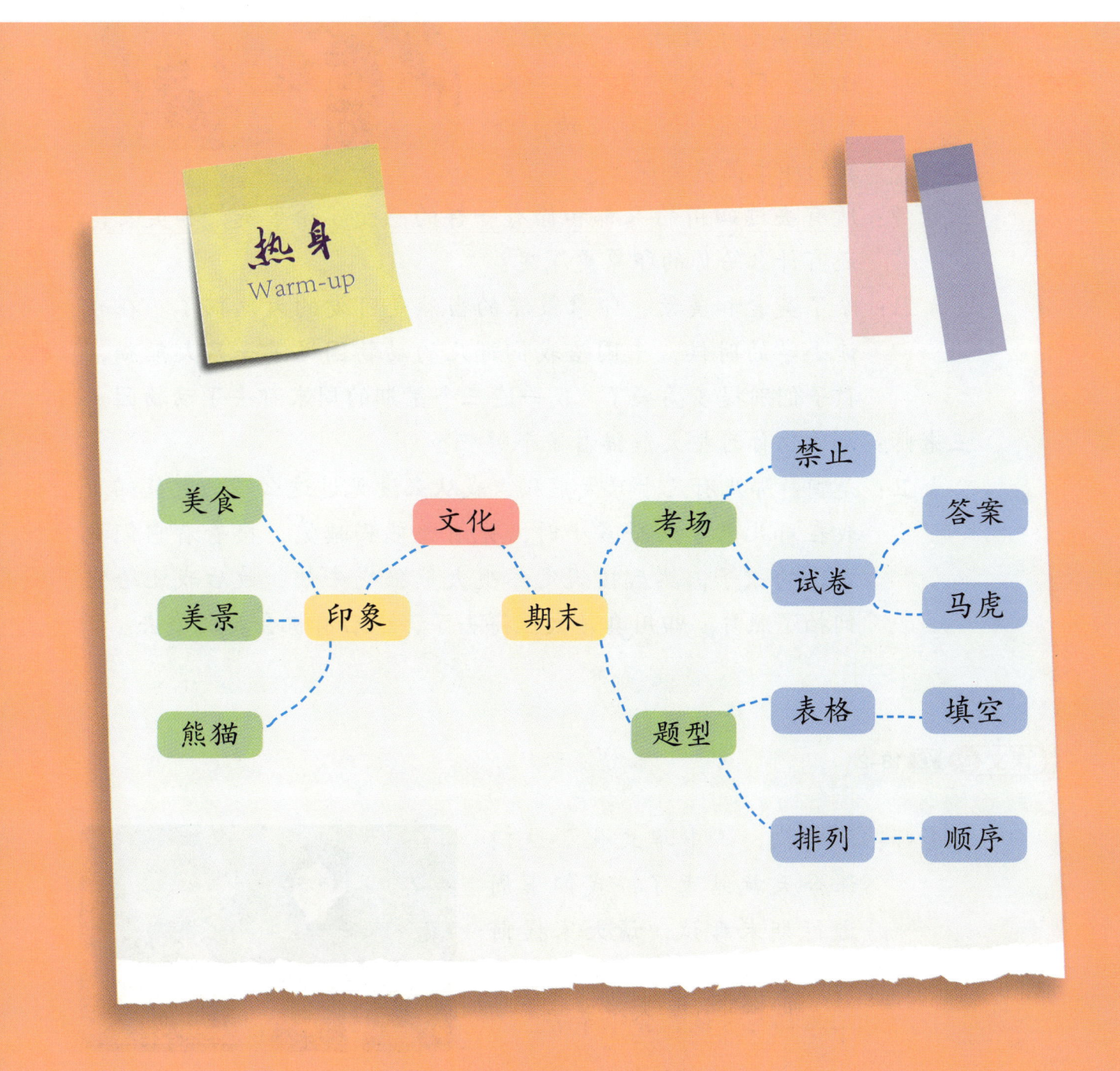

161

课文 Text

课文 1 18-1

王老师：大卫，这次你去四川文化实习，感觉怎么样啊？

大卫：四川真是个好地方，一是景色美，二是美食多，尤其是那儿的火锅，又麻又辣，给我的印象简直太深了！

王老师：所有去过四川的人都和你有一样的感受。除了美景和美食，还有什么给你的印象更深呢？

大卫：除了美食和美景，印象最深的当然是可爱的大熊猫了。在我读小学的时候，中国给我们那儿的动物园送了一只大熊猫，孩子们别提多高兴了。我一连三个星期的周末都去了动物园。

王老师：那这次你可把大熊猫看了个够吧？

大卫：是啊，那儿有几十只大熊猫，我从来没见过这么多的大熊猫。我在那儿看了两个多小时，先看大熊猫睡觉，接着看它们抱自己的孩子，然后按规定参观大熊猫喝牛奶，最后我还给它们拍了照片。四川真是太值得去了，以后有机会我还要去。

课文 2 18-2

王老师：同学们，"中华文化"这门课今天就结束了，我们下周进行期末考试，请大家提前做好准备。因为到时候一连几天都有考试，会很辛苦。

大卫：老师，那文化实习的成绩和这门课的成绩有关系吗？

王老师：文化实习成绩和期末考试成绩各占百分之五十。实习作业你们已经交了，所以，现在考试是关键，回去好好整理一下每次课的重点。

大卫：有哪些题型呢？

王老师：选择题、表格填空题、排列顺序题、判断题、问答题都有。

大卫：谢谢老师，明白了。考试时有什么要注意的吗？

王老师：一是考场禁止吃东西，二是注意考试时间。另外，在考试开始以前，先把书、本子收起来，接着把手机关掉，然后等着老师发试卷。一定要将答案写在答题纸上。在做题的时候一定要认真，千万不要马虎。对了，考试那天一定要带好笔和橡皮。

大卫：您放心，我们会按您说的去做的。

课文 3　18-3

上个星期我们去四川进行文化实习，回来后我写了一篇实习作业，谈了一些我的感受。老师觉得我写得很好。

四川不仅有美景美食，还有可爱的大熊猫。记得在我上小学的时候，中国给动物园送来了一只大熊猫。那

时孩子们别提多高兴了。这趟四川之行，我把大熊猫看了个够，还给大熊猫拍了照片。

今天是这个学期最后一次课。老师告诉我们实习成绩和期末考试成绩各占百分之五十，所以要好好准备考试。老师还告诉了我们很多考试要注意的事儿。

时间过得真快，这个学期结束了，马上就要放暑假了。

课文拼音 Texts in Pinyin

课文 1   Wáng lǎoshī: Dàwèi, zhè cì nǐ qù Sìchuān wénhuà shíxí, gǎnjué zěnmeyàng a?

Dàwèi: Sìchuān zhēn shì gè hǎo dìfang, yī shì jǐngsè měi, èr shì měishí duō, yóuqí shì nàr de huǒguō, yòu má yòu là, gěi wǒ de yìnxiàng jiǎnzhí tài shēn le!

Wáng lǎoshī: Suǒyǒu qùguo Sìchuān de rén dōu hé nǐ yǒu yíyàng de gǎnshòu. Chúle měijǐng hé měishí, háiyǒu shénme gěi nǐ de yìnxiàng gèng shēn ne?

Dàwèi: Chúle měishí hé měijǐng, yìnxiàng zuì shēn de dāngrán shì kě'ài de dàxióngmāo le. Zài wǒ dú xiǎoxué de shíhou, Zhōngguó gěi wǒmen nàr de dòngwùyuán sòngle yì zhī dàxióngmāo, háizimen biétí duō gāoxìng le. Wǒ yìlián sān gè xīngqī de zhōumò dōu qùle dòngwùyuán.

Wáng lǎoshī: Nà zhè cì nǐ kě bǎ dàxióngmāo kànle gè gòu ba?

Dàwèi: Shì a, nàr yǒu jǐ shí zhī dàxióngmāo, wǒ cónglái méi jiànguo zhème duō de dàxióngmāo. Wǒ zài nàr kànle liǎng gè duō xiǎoshí, xiān kàn dàxióngmāo shuìjiào, jiēzhe kàn tāmen bào zìjǐ de háizi, ránhòu àn guīdìng cānguān dàxióngmāo hē niúnǎi, zuìhòu wǒ hái gěi tāmen pāile zhàopiàn. Sìchuān zhēn shì tài zhídé qù le, yǐhòu yǒu jīhuì wǒ hái yào qù.

课文 2   Wáng lǎoshī: Tóngxuémen, "Zhōnghuá Wénhuà" zhè mén kè jīntiān jiù jiéshù le, wǒmen xià zhōu jìnxíng qīmò kǎoshì, qǐng dàjiā tíqián zuòhǎo zhǔnbèi. Yīnwèi dào shíhou yìlián jǐ tiān dōu yǒu kǎoshì, huì hěn xīnkǔ.

Dàwèi: Lǎoshī, nà wénhuà shíxí de chéngjì hé zhè mén kè de chéngjì yǒu guānxi ma?

Wáng lǎoshī: Wénhuà shíxí chéngjì hé qīmò kǎoshì chéngjì gè zhàn bǎi fēn zhī wǔshí. Shíxí zuòyè nǐmen yǐjīng jiāo le, suǒyǐ, xiànzài kǎoshì shì guānjiàn, huíqù hǎohāo zhěnglǐ yíxià měi cì kè de zhòngdiǎn.

Dàwèi: Yǒu nǎxiē tíxíng ne?

Wáng lǎoshī: Xuǎnzé tí, biǎogé-tiánkòng tí, páiliè-shùnxù tí, pànduàn tí, wèndá tí dōu yǒu.

Dàwèi: Xièxie lǎoshī, míngbai le. Kǎoshì shí yǒu shénme yào zhùyì de ma?

Wáng lǎoshī: Yī shì kǎochǎng jìnzhǐ chī dōngxi, èr shì zhùyì kǎoshì shíjiān. Lìngwài, zài kǎoshì kāishǐ yǐqián, xiān bǎ shū, běnzi shōu qǐlái, jiēzhe bǎ shǒujī guāndiào, ránhòu děngzhe lǎoshī fā shìjuàn. Yídìng yào jiāng dá'àn xiě zài dátí zhǐ shang. Zài zuò tí de shíhou yídìng yào rènzhēn, qiānwàn búyào mǎhu. Duìle, kǎoshì nà tiān yídìng yào dàihǎo bǐ hé xiàngpí.

Dàwèi: Nín fàngxīn, wǒmen huì àn nín shuō de qù zuò de.

课文 3   Shàng ge xīngqī wǒmen qù Sìchuān jìnxíng wénhuà shíxí, huílái hòu wǒ xiěle yì piān shíxí zuòyè, tánle yìxiē wǒ de gǎnshòu. Lǎoshī juéde wǒ xiě de hěn hǎo.

    Sìchuān bùjǐn yǒu měijǐng měishí, hái yǒu kě'ài de dàxióngmāo. Jìde zài wǒ shàng xiǎoxué de shíhou, Zhōngguó gěi dòngwùyuán sòngláile yì zhī dàxióngmāo. Nàshí háizimen biétí duō gāoxìng le. Zhè tàng Sìchuān zhī xíng, wǒ bǎ dàxióngmāo kànle gè gòu, hái gěi dàxióngmāo pāile zhàopiàn.

    Jīntiān shì zhège xuéqī zuìhòu yí cì kè. Lǎoshī gàosu wǒmen shíxí chéngjì hé qīmò kǎoshì chéngjì gè zhàn bǎi fēn zhī wǔshí, suǒyǐ yào hǎohǎo zhǔnbèi kǎoshì. Lǎoshī hái gàosule wǒmen hěn duō kǎoshì yào zhùyì de shìr.

    Shíjiān guò de zhēn kuài, zhège xuéqī jiéshù le, mǎshàng jiùyào fàng shǔjiǎ le.

生词 New Words

*美食	měishí	n.	delicacy
*麻	má	adj.	numbing (a type of food flavor)
抱	bào	v.	to hold in one's arms, to hug
*期末	qīmò	n.	end of term
占	zhàn	v.	(of the percentage value of a homework, project, exam, etc.) to weigh, to count as
整理	zhěnglǐ	v.	to tidy up, to arrange
重点	zhòngdiǎn	n.	focal point, emphasis
*题型	tíxíng	n.	type of exam questions
表格	biǎogé	n.	form, table
填空	tiánkòng	v.	to fill in a blank
排列	páiliè	v.	to put in order, to arrange
*考场	kǎochǎng	n.	examination hall or room
禁止	jìnzhǐ	v.	to prohibit, to forbid
*试卷	shìjuàn	n.	examination paper
答案	dá'àn	n.	answer, key

续表

马虎	mǎhu	adj.	careless, negligent
橡皮	xiàngpí	n.	eraser
放暑假	fàng shǔjià		to be on summer vacation

语法点 Language Points

1 "一是……，二是……"：表示并列的几个方面，多用于列举。例如：

"一是……，二是……" is often used when giving examples to indicate several aspects that go together. For example:

这次去法国，一是为了参观学习，二是为了见见几个老朋友。

世上最重要的感情，一是亲情，二是爱情，三是友情。

要想获得成功，一是靠努力，二是靠天分，三是靠运气。

2 "一连"：副词，表示同一动作或同一情况接连发生，后面常有表示次数的数量与之配合。例如：

"一连" is an adverb which indicates that the same action or situation occurs repeatedly in a succession. It is often followed by a number showing the frequency. For example:

这个星期一连下了三天雨。

接到大学的通知书，她高兴得一连几夜都没有睡好。

他一连跑了四五家商店，才买到合适的礼物。

3 "先……然后/接着……最后……"：表示一件事情之后接着又发生另一件事情。例如：

"先……然后/接着……最后……" indicates that one thing happens after another one. For example:

先讨论一下，然后再做决定。

先是刮了几天风，接着又下了几天雨，最后终于晴天了。

他先是吃了一些水果，接着又喝了一瓶可乐，然后又吃了冰激凌，结果把肚子吃坏了。

我们的中华文化课
Our Chinese culture class 18

4 "按"：介词，表示遵从某种标准。后面可以跟名词、动词或小句。例如：

"按" is a preposition which introduces a certain standard that needs to be complied with. It can be followed by a noun, a verb or a clause. For example:

运动会按期举行。

时间还没有确定，先按明天一早出发做准备。

按每人两张票分发。

练习 Drills

听力练习 Listening Drills

1 听课文，回答问题。 🎧 18-4

Listen to the texts and answer the questions.

（1）四川给大卫留下了什么样的印象？

（2）大卫小时候看到的熊猫是从哪儿来的？

（3）大卫花了两个多小时都看到了什么？

（4）"中华文化"这门课的成绩包括什么？

（5）王老师提醒同学们考试时要注意什么？

（6）王老师提醒同学们在考试开始前要注意什么？

2 听句子，判断对错。 🎧 18-5

Listen to the following sentences and tell whether they are true or false.

（1）和以前的考试一样，这次考试也要把答案写在答题纸上。　　（　　）

（2）学校运动会因为下雨而推迟举行了。　　（　　）

（3）我给朋友一连买了十多张邮票。　　（　　）

（4）我先去看了京剧演出，然后爬了长城。　　（　　）

（5）我不知道给女朋友买什么生日礼物。　　（　　）

（6）我看到大熊猫时非常高兴。　　（　　）

3 听录音，选择正确答案。 🎧 18-6

Listen to the recordings and choose the correct answers.

（1）A. 看景色　　　　　　　　B. 买礼物
　　 C. 写日记　　　　　　　　D. 吃火锅

（2）A. 自己也很紧张　　　　　B. 觉得考试不难
　　 C. 时间上来得及　　　　　D. 应该好好复习

（3）A. 她不爱吃辣的　　　　　B. 火锅味道很好
　　 C. 牛奶对身体好　　　　　D. 火锅太麻太辣

（4）A. 高兴　　　　　　　　　B. 难过
　　 C. 生气　　　　　　　　　D. 兴奋

（5）A. 上海　　　　　　　　　B. 北京
　　 C. 南京　　　　　　　　　D. 四川

（6）A. 女的和大熊猫合影了　　B. 男的和大熊猫合影了
　　 C. 女的让男的帮忙拍照　　D. 女的想要大熊猫照片

口语练习 Speaking Drills

4 听后复述，并模仿造句。 🎧 18-7

Listen and retell. Imitate the structures to build new sentences.

（1）_____
（2）_____
（3）_____
（4）_____
（5）_____
（6）_____

我们的中华文化课
Our Chinese culture class

5 看图说话。
Look and say.

（1）
抱

（2）
答案

（3）
整理

（4）
印象

（5）
禁止

（6）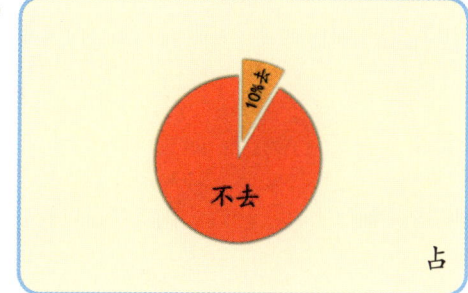
占

6 回答问题。
Answer the questions.

　　　Qǐng jièshào yíxià Zhōngguó de huǒguō.
（1）请 介 绍 一 下 中 国 的 火 锅 。

　　　Qǐng shuōshuo nǐ duì dàxióngmāo de liǎojiě.
（2）请 说 说 你 对 大 熊 猫 的 了 解 。

（3）请说说你对长城的了解。

（4）这个学期结束了，你有哪些收获？

（5）考试前，你一般是怎么复习的？

（6）请谈谈你下学期的学习计划。

词汇总表 Vocabulary

生词 New Words

词语 Word / Phrase	拼音 Pinyin	词性 Part of Speech	词义 Meaning	课号 Lesson
B				
白	bái	adv.	in vain	6
包（粽子）	bāo (zòngzi)	v.	to wrap, to make (*zongzi*)	15
包子	bāozi	n.	*baozi*; steamed stuffed bun	5
抱	bào	v.	to hold in one's arms, to hug	18
抱歉	bàoqiàn	v.	to be sorry	3
倍	bèi	m.	(*of numbers and amounts*) time, fold	5
笨	bèn	adj.	stupid, foolish	14
遍	biàn	m.	(*used with actions*) time	14
表格	biǎogé	n.	form, table	18
表扬	biǎoyáng	v.	to praise, to commend	1
饼干	bǐnggān	n.	biscuit, cracker	5
并且	bìngqiě	conj.	and, also, furthermore	8
C				
擦	cā	v.	to rub, to wipe	11
厕所	cèsuǒ	n.	lavatory, toilet, WC (water closet)	9
超过	chāoguò	v.	to exceed, to surpass	2
成为	chéngwéi	v.	to become	5
重新	chóngxīn	adv.	again, once more, anew	2
出现	chūxiàn	v.	to appear, to emerge	5

171

词语 Word / Phrase	拼音 *Pinyin*	词性 Part of Speech	词义 Meaning	课号 Lesson
粗心	cūxīn	adj.	careless, thoughtless	3
D				
答案	dá'àn	n.	answer, key	18
打（谜语）	dǎ (míyǔ)	v.	to guess (a riddle)	1
打扰	dǎrǎo	v.	to disturb, to bother	2
戴	dài	v.	(*of accessories*) to wear	3
刀	dāo	n.	knife	11
倒（是）	dào (shì)	adv.	*used to emphasize the reason or characteristic*	5
到底	dàodǐ	adv.	*used in questions for emphasis*	5
道歉	dàoqiàn	v.	to apologize	16
得到	dédào	v.	to gain, to obtain	14
得意	déyì	adj.	complacent, pleased with oneself	5
低	dī	adj.	low	17
底	dǐ	n.	bottom, base	3
调查	diàochá	v.	to survey, to investigate	13
动作	dòngzuò	n.	action, movement	11
对于	duìyú	prep.	for, to, with regard to, of	8
F				
发生	fāshēng	v.	to happen, to take place	5
发展	fāzhǎn	v.	to develop, to expand	2
法律	fǎlǜ	n.	law	16
反对	fǎnduì	v.	to oppose, to object	14
方向	fāngxiàng	n.	direction, orientation	5
放暑假	fàng shǔjià		to be on summer vacation	18
放松	fàngsōng	adj.	relaxed	5
富	fù	adj.	rich, wealthy	5
父亲	fùqīn	n.	father	7

词汇总表 Vocabulary

续表

词语 Word / Phrase	拼音 *Pinyin*	词性 Part of Speech	词义 Meaning	课号 Lesson
复印	fùyìn	v.	to photocopy, to xerox	2
负责	fùzé	v.	to be in charge of	15
G				
改	gǎi	v.	to change	15
赶	gǎn	v.	to rush for, to hurry	5
感动	gǎndòng	adj.	to touch, to move; to be touched, to be moved	6
干	gàn	v.	to do, to act	3
胳膊	gēbo	n.	arm	11
功夫	gōngfu	n.	Kungfu	11
共同	gòngtóng	adj.	common, shared	9
顾	gù	v.	to take care of, to attend to	13
故意	gùyì	adv.	intentionally, on purpose	16
挂	guà	v.	to hang	1
观众	guānzhòng	n.	audience	3
管理	guǎnlǐ	v.	to manage, to administer	2
国籍	guójí	n.	nationality, citizenship	16
国际	guójì	adj.	international	10
果汁	guǒzhī	n.	fruit juice	5
过程	guòchéng	n.	process, course	14
H				
海洋馆	hǎiyángguǎn	n.	aquarium	3
后悔	hòuhuǐ	v.	to regret	11
护士	hùshi	n.	nurse	11
互相	hùxiāng	adv.	mutually	12
回忆	huíyì	v.	to recall, to remember	7
活泼	huópō	adj.	lively, vivacious	3
火	huǒ	adj.	popular, hot	10

词语 Word / Phrase	拼音 Pinyin	词性 Part of Speech	词义 Meaning	课号 Lesson
J				
加	jiā	v.	to add	1
建议	jiànyì	v.	to suggest, to recommend	3
将来	jiānglái	n.	future	12
奖	jiǎng	n.	award, prize	10
降低	jiàngdī	v.	to lower, to reduce	9
交（作业）	jiāo (zuòyè)	v.	to hand in (homework)	8
饺子	jiǎozi	n.	jiaozi, dumpling (stuffed with meat and / or vegetables)	4
教授	jiàoshòu	n.	professor	3
禁止	jìnzhǐ	v.	to prohibit, to forbid	18
警察	jǐngchá	n.	police, policeman	5
举行	jǔxíng	v.	to hold (a meeting, event, ect.)	3
K				
开玩笑	kāi wánxiào		to be kidding, to make a joke	4
看法	kànfǎ	n.	viewpoint, opinion	14
烤鸭	kǎoyā	n.	roast duck	4
科学	kēxué	n.	science	2
可怜	kělián	adj.	pitiable, poor	5
可惜	kěxī	adj.	unfortunately; it's a pity	4
L				
力气	lìqi	n.	effort, physical strength	8
例如	lìrú	v.	for example	17
连	lián	v.	to link, to connect	4
凉快	liángkuai	adj.	(of weather) pleasantly cool	3
M				
麻烦	máfan	adj.	bothersome	4
马虎	mǎhu	adj.	careless, negligent	18

续表

词语 Word / Phrase	拼音 *Pinyin*	词性 Part of Speech	词义 Meaning	课号 Lesson
满	mǎn	adj.	full	17
秒	miǎo	m.	second (*a unit of time*)	7
N				
暖和	nuǎnhuo	adj.	warm	3
P				
排列	páiliè	v.	to put in order, to arrange	18
判断	pànduàn	v.	to judge, to determine	14
皮肤	pífū	n.	skin	11
脾气	píqi	n.	temper, disposition	11
破	pò	v.	(*of skin*) to graze, to cut	11
葡萄	pútao	n.	grape	5
Q				
其中	qízhōng	adv.	among (which, them, ect.)	6
气候	qìhòu	n.	climate	17
巧克力	qiǎokèlì	n.	chocolate	5
轻	qīng	adj.	light, of little weight	11
穷	qióng	adj.	poor	14
R				
仍然	réngrán	adv.	still, yet	8
S				
伤	shāng	n. / v.	injury; to injure	11
稍微	shāowēi	adv.	a little, slightly	4
社会	shèhuì	n.	society	10
剩	shèng	v.	to be left over, to remain	9
失败	shībài	v.	to fail	14
世纪	shìjì	n.	century	8
适应	shìyìng	v.	to adapt, to get used to	9
首都	shǒudū	n.	capital (of a country)	4

词语 Word / Phrase	拼音 Pinyin	词性 Part of Speech	词义 Meaning	课号 Lesson
数字	shūzì	n.	number	1
速度	sùdù	n.	speed	16
随便	suíbiàn	adj.	casual, at random	3
		T		
抬	tái	v.	to lift, to raise	11
谈	tán	v.	to talk, to discuss	12
汤	tāng	n.	soup	16
趟	tàng	m.	(*used with round trips*) time	5
填空	tiánkòng	v.	to fill in a blank	18
同情	tóngqíng	v.	to show sympathy for, to feel pity for	5
		W		
温度	wēndù	n.	temperature	17
无	wú	v.	not to have, to be without	8
		X		
西红柿	xīhóngshì	n.	tomato	5
响	xiǎng	v.	to sound, to ring	5
橡皮	xiàngpí	n.	eraser	18
小吃	xiǎochī	n.	snack; small and cheap dishes	5
小伙子	xiǎohuǒzi	n.	young man, young fellow	11
小说	xiǎoshuō	n.	novel	6
信息	xìnxī	n.	news, information	8
兴奋	xīngfèn	adj.	excited	5
性	xìng	suffix	*used ro form noun and adjective*	4
幸福	xìngfú	adj.	happy	1
许多	xǔduō	num.	many, plenty of	6
		Y		
严格	yángé	adj.	strict, rigorous	11

续表

词语 Word / Phrase	拼音 *Pinyin*	词性 Part of Speech	词义 Meaning	课号 Lesson
眼镜	yǎnjìng	n.	glasses, spectacles	3
养	yǎng	v.	to grow, to raise	17
养成	yǎngchéng	v.	to develop, to form	11
也许	yěxǔ	adv.	maybe, perhaps	7
叶	yè	n.	leaf	17
页	yè	m.	(*of books, magazines, etc.*) page, leaf	13
以为	yǐwéi	v.	to think, to believe	14
赢	yíng	v.	to win	7
应聘	yìngpìn	v.	to apply for a job	12
勇敢	yǒnggǎn	adj.	brave, courageous	6
由	yóu	prep.	by (sb.)	15
邮局	yóujú	n.	post office	6
友谊	yǒuyì	n.	friendship	10
有趣	yǒuqù	adj.	interesting, fun	1
语言	yǔyán	n.	language	12
预习	yùxí	v.	to prepare lessons before class	8
原谅	yuánliàng	v.	to forgive	16
约会	yuēhuì	v.	to go on a date; to have an appointment	3
Z				
暂时	zànshí	adj.	temporary	12
占	zhàn	v.	(*of the percentage value of a homework, project, exam, etc.*) to weigh, to count as	18
真正	zhēnzhèng	adj.	true, real	8
整理	zhěnglǐ	v.	to tidy up, to arrange	18
证明	zhèngmíng	v.	to prove	16
正确	zhèngquè	adj.	right, correct	14

续表

词语 Word / Phrase	拼音 Pinyin	词性 Part of Speech	词义 Meaning	课号 Lesson
之	zhī	aux.	used between an attribute and the word it modifies	1
至少	zhìshǎo	adv.	at least	4
重点	zhòngdiǎn	n.	focal point, emphasis	18
转	zhuǎn	v.	to turn, to shift	11
赚	zhuàn	v.	to earn	8
准确	zhǔnquè	adj.	accurate, precise	14
座	zuò	m.	used with bridges, mountains, buildings, etc.	4
作家	zuòjiā	n.	writer	6
作用	zuòyòng	n.	effect, function	11
作者	zuòzhě	n.	author	6

专有名词 Proper Nouns

词语 Word / Phrase	拼音 Pinyin	词义 Meaning	课号 Lesson
A			
*奥运会	Àoyùnhuì	Olympic Games, Olympics	7
B			
*霸王别姬	Bàwáng Bié Jī	*Farewell My Concubine*, a traditional Peking opera	6
C			
长城	Chángchéng	the Great Wall	4
长江	Chángjiāng	Yangtze River, the longest river in China	7
*川剧	Chuānjù	Sichuan Opera	6
D			
*端午节	Duānwǔ Jié	Dragon Boat Festival	15

词汇总表 Vocabulary

续表

词语 Word / Phrase	拼音 Pinyin	词义 Meaning	课号 Lesson
F			
*法国	Fǎguó	France	15
G			
*故宫	Gùgōng	The Forbidden City, the Imperial Palace	4
M			
*莫言	Mò Yán	Mo Yan, Chinese writer (1955—)	6
N			
*诺贝尔文学奖	Nuòbèi'ěr Wénxué Jiǎng	the Nobel Prize in Literature	6
R			
*日本	Rìběn	Japan	15
Y			
亚洲	Yàzhōu	Asia	6
*英国	Yīngguó	United Kingdom	6
*元宵节	Yuánxiāo Jié	Lantern Festival	1
Z			
*中秋节	Zhōngqiū Jié	Mid-Autumn Festival	1

超纲词 Words Not Included in the Syllabus

词语 Word / Phrase	拼音 Pinyin	词性 Part of Speech	词义 Meaning	课号 Lesson
A				
*艾草	àicǎo	n.	Chinese mugwort (Artemisia argyi)	15
*爱护	àihù	v.	to cherish, to take good care of	3
B				
*版	bǎn	n.	version	6

续表

词语 Word / Phrase	拼音 Pinyin	词性 Part of Speech	词义 Meaning	课号 Lesson
*包装	bāozhuāng	v.	to package	16
*不可居无竹	bù kě jū wú zhú		Cannot live in a place without bamboo (*a line from a poem by Su Shi, a Song dynasty poet*)	17
C				
*插	chā	v.	to insert, to stick in	15
*差点儿	chàdiǎnr	adv.	almost, nearly	5
*拆	chāi	v.	to tear down	4
D				
*大餐	dàcān	n.	feast	4
*大学	dàxué	n.	university, college	10
*代表	dàibiǎo	n.	representative	13
*道理	dàolǐ	n.	principle, truth	14
*灯笼	dēnglong	n.	lantern	1
*地点	dìdiǎn	n.	place, site	3
*电视剧	diànshìjù	n.	TV play, TV series, teleplay	13
*冬季	dōngjì	n.	winter, wintertime	7
F				
*方式	fāngshì	n.	way, method	5
*分类	fēnlèi	v.	to classify, to sort	9
*分数	fēnshù	n.	score, mark, point	7
*服务	fúwù	v.	to provide service	2
G				
*该	gāi	mod.	should, ought to	1
*干燥	gānzào	adj.	dry	17
*高雅	gāoyǎ	adj.	elegant	17

续表

词语 Word / Phrase	拼音 *Pinyin*	词性 Part of Speech	词义 Meaning	课号 Lesson
*歌曲	gēqǔ	n.	song	15
*更加	gèngjiā	adv.	more, further	1
*功到自然成	Gōng dào zìrán chéng		Constant effort yield sure success.	14
H				
*海豚	hǎitún	n.	dolphin	3
*好评	hǎopíng	n.	(*on websites and apps*) like, favorable comment	16
*胡同	hútòng	n.	*hutong*; alley, lane	4
*花灯	huādēng	n.	festive lantern	1
*滑雪	huáxuě	v.	to ski; skiing	7
*缓解	huǎnjiě	v.	to relieve	9
*回收	huíshōu	v.	to recycle	9
J				
*记录	jìlù	v.	to record, to keep an account of	16
*讲座	jiǎngzuò	n.	lecture	2
*精神	jīngshén	n.	spirit, mind	13
*决赛	juésài	n.	(*of sports, competitions*) final	7
K				
*开办	kāibàn	v.	(*of an organization*) to open, to set up	10
*开卷有益	kāijuàn-yǒuyì		Reading enriches the mind.	13
*考场	kǎochǎng	n.	examination hall or room	18
*快递	kuàidì	n.	express delivery, courier	8
L				
*乐趣	lèqù	n.	delight, joy, pleasure	7

词语 Word / Phrase	拼音 Pinyin	词性 Part of Speech	词义 Meaning	课号 Lesson
*良药苦口利于病	Liáng yào kǔ kǒu lìyú bìng		Good medicine is bitter in taste but good for curing the disease.	11
*龙舟	lóngzhōu	n.	dragon boat	15
*漏	lòu	v.	to leak, to drip	16
M				
*麻	má	adj.	numbirg (*a type of food flavor*)	18
*美化	měihuà	v.	to beautify, to prettify	17
*美食	měishí	n.	delicacy	18
*谜语	míyǔ	n.	riddle	1
*名城	míngchéng	n.	famous city	4
N				
*难看	nánkàn	adj.	ugly, terrible	14
*宁可	nìngkě	adv.	would rather	13
*农村	nóngcūn	n.	village, countryside	5
*农民	nóngmín	n.	farmer, peasant	5
P				
*拍照	pāizhào	v.	to take a photo; to shoot a video	3
*派出所	pàichūsuǒ	n.	police station	16
*培养	péiyǎng	v.	to foster, to nurture	10
Q				
*期末	qīmò	n.	end of term	18
R				
*热身	rèshēn	v.	to warm up	11
*人面桃花相映红	rénmiàn táohuā xiāng yìng hóng		rosy face reflected by peach blossoms (*a line from a poem by Cui Hu, a Tang dynasty poet*)	3

词语 Word / Phrase	拼音 Pinyin	词性 Part of Speech	词义 Meaning	课号 Lesson
S				
*赛	sài	v.	to compete	15
*诗	shī	n.	poem	3
*湿度	shīdù	n.	humidity	17
*实习生	shíxí shēng	n.	intern, trainee	12
*实现	shíxiàn	v.	to realize, to achieve	12
*实用	shíyòng	adj.	practical, practicable	17
*试卷	shìjuàn	n.	examination paper	18
*收费	shōufèi	v.	to charge	16
*收获	shōuhuò	n.	gains	13
*受伤	shòushāng	v.	to get hurt, to be injured	11
*书法	shūfǎ	n.	calligraphy	14
*双方	shuāngfāng	n.	both sides	16
*硕士	shuòshì	n.	master (academic degree)	12
*四合院	sìhéyuàn	n.	siheyuan; courtyard house (courtyard with buildings on all four sides)	4
*算	suàn	v.	to regard as, to count as	14
T				
*题型	tíxíng	n.	type of exam questions	18
*图书	túshū	n.	book	2
*退休	tuìxiū	v.	to retire	10
W				
*外卖	wàimài	n.	takeout	16
*外文	wàiwén	n.	foreign language	2
*万里无云	wànlǐ-wúyún		vast, cloudless sky	3

词语 Word / Phrase	拼音 *Pinyin*	词性 Part of Speech	词义 Meaning	课号 Lesson
*万万	wànwàn	adv.	absolutely	14
*网购	wǎnggòu		online shopping	8
*卫生纸	wèishēngzhǐ	n.	toilet paper	9
*未雨绸缪	wèiyǔ-chóu móu		to repair the house before it rains, to take preventive measures, to be proactive	12
*文明	wénmíng	n.	civilization; civilized	3
*文学	wénxué	n.	literature	6
X				
*戏曲	xìqǔ	n.	traditional (Chinese) opera	6
*系统	xìtǒng	n.	system	2
*夏季	xiàjì	n.	summer, summertime	7
*现代	xiàndài	adj.	modern	4
*享福	xiǎngfú	v.	to enjoy a happy life; to live in ease and comfort	13
*行动	xíngdòng	n.	action	9
Y				
*要不	yàobu	conj.	otherwise, or else	4
*邮票	yóupiào	n.	postage stamp	6
*有益	yǒuyì	adj.	beneficial	17
*欲速则不达	yù sù zé bù dá		More haste, less speed. Haste makes waste.	11
*圆	yuán	adj.	(*of the moon*) full	1
Z				
*宅	zhái	adj.	indoorsy (*used to describe sb. who likes to stay at home*)	8
*植物园	zhíwùyuán	n.	botanical garden	3

续表

词语 Word / Phrase	拼音 *Pinyin*	词性 Part of Speech	词义 Meaning	课号 Lesson
* 中介	zhōngjiè	n.	agency	16
* 中学	zhōngxué	n.	middle school	7
* 中药	zhōngyào	n.	traditional Chinese medicine (substance)	11
* 中医	zhōngyī	n.	traditional Chinese medical science; doctor of traditional Chinese medicine	11
* 竹子	zhúzi	n.	bamboo	17
* 祝福	zhùfú	v.	to wish happiness	17
* 撞	zhuàng	v.	to bump against, to collide	5
* 追求	zhuīqiú	v.	to pursue	13
* 资源	zīyuán	n.	resource	13
* 粽子	zòngzi	n.	*zongzi*, sticky rice dumpling	15